essentials

essentials liefern aktuelles Wissen in konzentrierter Form. Die Essenz dessen, worauf es als „State-of-the-Art" in der gegenwärtigen Fachdiskussion oder in der Praxis ankommt. *essentials* informieren schnell, unkompliziert und verständlich

- als Einführung in ein aktuelles Thema aus Ihrem Fachgebiet
- als Einstieg in ein für Sie noch unbekanntes Themenfeld
- als Einblick, um zum Thema mitreden zu können

Die Bücher in elektronischer und gedruckter Form bringen das Expertenwissen von Springer-Fachautoren kompakt zur Darstellung. Sie sind besonders für die Nutzung als eBook auf Tablet-PCs, eBook-Readern und Smartphones geeignet. *essentials:* Wissensbausteine aus den Wirtschafts-, Sozial- und Geisteswissenschaften, aus Technik und Naturwissenschaften sowie aus Medizin, Psychologie und Gesundheitsberufen. Von renommierten Autoren aller Springer-Verlagsmarken.

Weitere Bände in der Reihe http://www.springer.com/series/13088

Constantin Frank-Fahle ·
Marc Zimmermann

Economic Substance Regulations

Einführung und Grundlagen

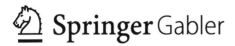 Springer Gabler

Constantin Frank-Fahle
Germela Law LLP
Abu Dhabi, Vereinigte Arabische Emirate

Marc Zimmermann
Germela Law LLP
Abu Dhabi, Vereinigte Arabische Emirate

ISSN 2197-6708   ISSN 2197-6716   (electronic)
essentials
ISBN 978-3-658-31097-4   ISBN 978-3-658-31098-1   (eBook)
https://doi.org/10.1007/978-3-658-31098-1

Die Deutsche Nationalbibliothek verzeichnet diese Publikation in der Deutschen Nationalbiblio-
grafie; detaillierte bibliografische Daten sind im Internet über http://dnb.d-nb.de abrufbar.

Planung/Lektorat: Irene Buttkus
Springer Gabler ist ein Imprint der eingetragenen Gesellschaft Springer Fachmedien Wiesbaden
GmbH und ist ein Teil von Springer Nature.
Die Anschrift der Gesellschaft ist: Abraham-Lincoln-Str. 46, 65189 Wiesbaden, Germany

Was Sie in diesem *essential* finden können

- Eine Einführung in das neueste Instrument zur Bekämpfung von Steuervermeidungsstrategien (Economic Substance Regulations)
- Eine Darstellung der Hintergründe und Entwicklungsgeschichte von Economic Substance Regulations
- Eine Einführung in Bezug auf den sachlichen Anwendungsbereich („Relevante Aktivitäten")
- Eine Darstellung der Mindestvorgaben seitens der OECD
- Ein rechtsvergleichender Überblick im Hinblick auf die konkrete Umsetzung der OECD-Mindestvorgaben

Vorwort

Internationale Steuerfragen standen niemals so weit oben auf der politischen Agenda wie heute. Die Integration der nationalen Volkswirtschaften und Märkte hat sich in den vergangenen Jahren deutlich erhöht, wodurch die – vor über einem Jahrhundert konzipierten – internationalen Steuerregeln zunehmend unter Druck gerieten. Schwachstellen in diesem Regelwerk ließen Möglichkeiten der Gewinnverkürzung und -verlagerung (Base Erosion and Profit Shifting – BEPS) entstehen. Um das Vertrauen in das Steuersystem wiederherzustellen und zu gewährleisten, dass Gewinne dort besteuert werden, wo die wirtschaftlichen Aktivitäten entfaltet werden und die Wertschöpfung erfolgt, haben sich verschiedene Institutionen in den vergangenen beiden Jahrzehnten u. a. mit der Frage beschäftigt, welche Maßnahmen ergriffen werden müssen, um die Gewinnverkürzung und -verlagerung in Steuerparadiese zu beschränken. Dieser Prozess endete jüngst in der Implementierung von sog. Economic Substance Regulations. Das vorliegende Werk soll einen Überblick über die Entstehung, Implementierung und Tatbestandsvoraussetzungen der bislang umgesetzten Economic Substance Regulations geben.

Constantin Frank-Fahle
Marc Zimmermann

Inhaltsverzeichnis

Über die Autoren

Dr. Constantin Frank-Fahle, *LL.M.* ist Managing Partner der Kanzlei Germela Law LLP, Abu Dhabi (Vereinigte Arabische Emirate). Er war zuvor an den Standorten Berlin, Jakarta, München, Bangkok und Dubai tätig. Er verfügt über reichhaltige internationale Erfahrung als Rechtsanwalt. Die Schwerpunkte seiner Tätigkeit liegen in der Beratung bei Markteintritt, Lokalisierung, Restrukturierung, nationales und internationales Steuerrecht (Investitionsförderung, Betriebsstättenbesteuerung, Verrechnungspreise etc.) sowie in der projektbegleitenden Beratung bei Infrastrukturvorhaben und Erneuerbare-Energie-Projekten. Kontakt: frank-fahle@germela.law

Marc Zimmermann ist Associate in der Kanzlei Germela Law LLP, Abu Dhabi (Vereinigte Arabische Emirate). Nach Stationen in Augsburg, Ulm und Dubai ist er nun in der Kanzlei tätig und auf die ganzheitliche Beratung von ausländischen Investoren im Nahen und Mittleren Osten in Fragen des Handels- und Gesellschaftsrechts spezialisiert. Zudem berät er Mandanten im internationalen Steuerrecht. Kontakt: zimmermann@germela.law

Einleitung 1

Bei Economic Substance Regulations handelt es sich – vereinfacht gesprochen – um einen Regelungskatalog, der vorsieht, dass

- in Niedrigsteuerländern
- in Bezug auf geografisch mobile Wirtschaftsaktivitäten
- ein Substanznachweis (wesentliche Geschäftstätigkeit – Economic Substance) geführt wird.

Die Regelungen wurden u. a. auf Druck der Europäischen Union (EU) in ausgewählten Niedrigsteuerländern verabschiedet. Grund hierfür war die weltweite Zunahme von schädlichen Steuerpraktiken.

So haben Begriffe wie „Offshore Leaks", „Panama Papers" oder „Paradise Papers" in den vergangenen Jahren mitunter die Berichterstattung in Bezug auf internationale Steuergestaltungsmodelle geprägt. Mittlerweile sind jedem Laien die „Bahamas" oder „Cayman Islands" nicht nur als schöne Urlaubsorte, sondern insbesondere als Steuerparadiese ein Begriff.

Hintergrundinformation

Bei den „Offshore Leaks" handelt es sich um eine Datenenthüllung im Jahr 2013 in Bezug auf Gesellschaftsstrukturen, die in Steuerparadiesen errichtet wurden. Die Dokumente enthielten Daten über Privatpersonen und außerdem Informationen über die Beteiligung zahlreicher Großbanken an dem Offshore-Geschäft.

Bei dem Skandal um die sog. Panama Papers im Jahr 2016 gelangten infolge eines Datenlecks gigantische Mengen an vertraulichen Dokumenten von Offshore-Gesellschaften an die Öffentlichkeit. Die Unterlagen gaben Aufschluss über eine Vielzahl an Steuer- und Geldwäschedelikten, deren vollständige Aufarbeitung noch immer andauert.

© Der/die Herausgeber bzw. der/die Autor(en), exklusiv lizenziert durch Springer Fachmedien Wiesbaden GmbH, ein Teil von Springer Nature 2020
C. Frank-Fahle und M. Zimmermann, *Economic Substance Regulations*, essentials, https://doi.org/10.1007/978-3-658-31098-1_1

Die Paradise Papers knüpften im Jahr 2017 an die „Panama Papers" an und waren deutlich umfangreicher als ihr Vorgänger. Im Vordergrund standen hierbei nicht die Geschäfte vermögender Personen, vielmehr belegten die Unterlagen, wie auch internationale Konzerne durch die Verschiebung von Gewinnen in Niedrigsteuerländer ihre Steuern minimiert haben. Im Unterschied zu den Panama Papers spielt nicht ein Land eine zentrale Rolle, sondern eine ganze Reihe von Jurisdiktionen. Auch speiste sich das Leak nicht nur aus einer, sondern aus insgesamt 21 verschiedenen Quellen.

Spätestens mit dem Bekanntwerden dieser Skandale sind international angelegte Steuervermeidungsstrategien bzw. -systeme in den Fokus der öffentlichen Wahrnehmung gerückt. Diesen grenzüberschreitenden Steuergestaltungen kommt eine enorme Bedeutung zu, da sich durch die Verlagerung erzielter Gewinne in Länder mit unternehmerfreundlichen Steuersystemen (d. h. geringer oder keiner Körperschaftsteuer) die steuerlichen Belastungen gering halten lassen. Bisweilen kamen Unternehmen in einigen Ländern bereits dann in den Genuss von niedriger Körperschaftsteuer bzw. Steuervergünstigungen, obwohl nur ein Minimum an Tätigkeiten – rein steuerrechtlich – motiviert in das Niedrigsteuerland verlagert wird. Soweit die eigentliche wirtschaftliche Tätigkeit in einem Hochsteuerland ausgeübt wird, führt dies zu einer steuerlichen Gewinnverkürzung und -verlagerung im Hochsteuerland.
  Die Struktur kann exemplarisch anhand der Grafik in Abb. 1.1 nachvollzogen werden:

Beispiel

In dem obigen Beispiel werden geografisch mobile Wirtschaftsaktivitäten in einem Niedrigsteuerland (Vereinigte Arabische Emirate) ohne Substanz (bspw. über eine sog. Briefkastenfirma) ausgeübt und gegenüber einer verbundenen Gesellschaft in einem Hochsteuerland (Deutschland) in Rechnung gestellt. Der Zahlungsfluss mindert im Hochsteuerland den steuerbaren Gewinn (Gewinnverkürzung), während im Niedrigsteuerland der Gewinn steigt (Gewinnverlagerung). ◄

Die Organisation für wirtschaftliche Zusammenarbeit und Entwicklung (OECD) nahm derartige steuerliche Strukturierungsmodelle lange bevor diese mediale Aufmerksamkeit erhielten, ins Blickfeld. Bereits 1998 veröffentlichte die OECD einen Bericht zu schädlichen Steuerpraktiken. Dort wurde mitunter das Erfordernis einer wesentlichen Tätigkeit (Substanz) entwickelt, jedoch in den nachfolgenden Jahren nicht in die Praxis umgesetzt.

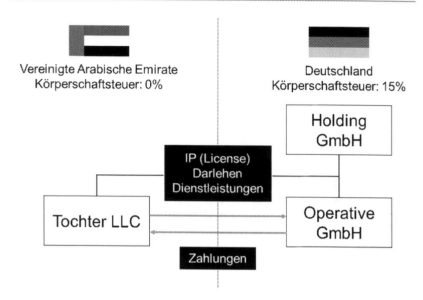

Abb. 1.1 Beispiel Gewinnverlagerung

In der Folge blieben die steuerpolitischen Anliegen unverändert. Besorgnis herrschte insbesondere über präferenzielle Regelungen, bei denen die Gefahr bestand, dass diese zur künstlichen Gewinnverlagerung genutzt wurden. Viele schädliche präferenzielle – oftmals auch veraltete – Regelungen waren so konzipiert, dass sie es Steuerpflichtigen ermöglichten, die Vergünstigungen der betreffenden Regelung in Anspruch zu nehmen, obwohl sie Tätigkeiten nachgingen, die rein steuerlich motiviert waren und keine wesentliche Geschäftstätigkeit beinhalteten.

Die OECD nahm diese Entwicklungen ab 2013 zur Ausarbeitung eines sog. Base Erosion and Profit Shifting (BEPS)-Aktionsplans auf, um u. a. missbräuchliche Steuergestaltungen zukünftig einzudämmen. Punkt 5 dieses Aktionsplans zielte auf die wirksame Bekämpfung schädlicher Steuerpraktiken unter Berücksichtigung von Transparenz und wirtschaftlicher Substanz ab, sodass das Substanzerfordernis deutlich mehr Bedeutung erfuhr. Über den BEPS-Aktionspunkt 5 sollte ein gewisser Mindeststandard für die Privilegierung durch Sondersteuerregelungen eingeführt werden. Die „Economic Substance Regulations" waren geboren.

Grundlegend zielen diese Regelungen auf den Nachweis einer adäquaten wirtschaftlichen Substanz für die entscheidenden Einkünfte generierenden Aktivitäten ab, die zur Erzielung der unter die Sondersteuerregelung fallenden Einkünfte notwendig sind. Es handelt sich hierbei um einen vorgegebenen Rahmen der OECD, sodass die konkrete Umsetzung der „Economic Substance Regulations" den einzelnen Niedrigsteuerjurisdiktionen obliegt. Die Economic Substance Regulations spiegeln im Hinblick auf die Gewinnverlagerung und -verkürzung den internationalen Steuerstandard wider.

Im Folgenden soll ein Überblick über die Hintergründe und Entstehungs-geschichte der „Economic Substance Regulations" gegeben werden, ehe dann auf die von der OECD und EU vorgegebenen Mindestvorgaben eingegangen wird. Anschließend wird die konkrete Umsetzung in den jeweiligen Jurisdiktionen beleuchtet und insbesondere die Unterschiede herausgearbeitet. Der Leitfaden endet mit einem Fazit und einem Ausblick bezüglich der „Economic Substance Regulations".

Economic Substance Regulations

2

Die Economic Substance Regulations sind eine Reaktion auf schädliche Steuer-praktiken zur Gewinnverkürzung und -verlagerung. Insbesondere durch den BEPS-Aktionsplan (Aktionspunkt 5) der OECD wurden Gewinnverkürzung und -verlagerungsmaßnahmen 2015 verschärft hinterfragt und sind ab 2017 durch die EU auf die Agenda gesetzt worden.

Im Folgenden sollen die Hintergründe und die Entstehungsgeschichte der Economic Substance Regulations näher beleuchtet werden.

2.1 Hintergründe

Die Economic Substance Regulations zielen auf Niedrigsteuerländer ab. In diesen Ländern wird lediglich eine geringe oder gar keine Körperschaftsteuer erhoben. Ferner war es in diesen Jurisdiktionen bislang möglich, Einkommen zu generieren, ohne eine wirtschaftliche Aktivität bzw. Substanz aufweisen zu müssen (bspw. in Form der Unterhaltung von sog. Briefkastengesellschaften). Diese Rahmenbedingungen wurden vielfach genutzt, Gewinne in diese Niedrig-steuerländer zu verlagern, um eine Besteuerung in einem Hochsteuerland zu vermeiden, unabhängig davon, dass keine wirtschaftliche Aktivität im Niedrig-steuerland ausgeübt worden ist. Auf diese Weise konnte vielfach die Steuerlast gemindert werden bzw. eine Besteuerung umgangen werden, indem die Unter-nehmen sich die fehlende Transparenz und Koordination zwischen den ver-schiedenen nationalen Steuersystemen zu Nutze machten.

▶ Das Verschieben von Einkünften auf Gesellschaften in Steueroasen, wo tatsächlich nur eine geringe wirtschaftliche Tätigkeit stattfindet, wird auch als **Base Erosion and Profit Shifting (BEPS)** bezeichnet (Verkürzung und Verlagerung von Gewinnen).

Die Taktik der Unternehmen, Gewinne in Niedrigsteuerländer zu verschieben, ist grundsätzlich nicht strafbar, untergräbt jedoch das Vertrauen in die Steuergerechtigkeit. Zudem verzerrt eine schädliche Steuerpraktik den Wettbewerb zwischen Unternehmen sowie zwischen verschiedenen Volkswirtschaften. Der Steuerwettbewerb im Bereich der Körperschaftsteuer resultiert zum Teil aus dem Versäumnis der nationalen Steuerbehörden und der OECD, hierfür internationale Standards zu schaffen. Es muss jedoch auch Berücksichtigung finden, dass die jeweiligen Regierungen der Niedrigsteuerländer ein Geschäftsmodell entwickelt haben, in dem attraktive Steuerregeln zum Standortfaktor gemacht werden. Infolge dieses Modells wird die Besteuerung wirtschaftlicher Aktivitäten andernorts untergraben. Die OECD geht in ihren Berichten davon aus, dass durch Gewinnverkürzung und -verlagerung weltweit jährlich ca. 100 bis 240 Mrd. US-Dollar Steueraufkommen verloren geht.

Vor diesem Hintergrund ist es für Unternehmen somit von großem Interesse, die Gewinne originär in den Niedrigsteuerländern entstehen zu lassen. Zudem wurden diese Vorteile oftmals von einem umfassenden Bankgeheimnis flankiert. Finanzbehörden anderer Staaten war es bislang versagt, Informationen und Auskünfte über geschäftliche Tätigkeit „ihrer" Unternehmen in den Niedrigsteuerländern bzw. Steuerparadiesen zu erhalten. Neuerdings wird das Bankgeheimnis zum Teil durch die sog. Common Reporting Standards durchbrochen, welche einen transnationalen automatisierten Austausch von Kontoinhaberinformationen ermöglichen.

Neben steuerlichen Vorteilen ist in der Regel auch der Gründungs- und Unterhaltungsaufwand für Unternehmen in den Niedrigsteuerländern verhältnismäßig gering. So können insbesondere entsprechende Gesellschaften (bspw. sog. International Business Companies) innerhalb kürzester Zeit gegründet werden. Daneben gibt es zahlreiche Sonderzonen (bspw. Freihandelszonen), die mit dem Ziel eingerichtet wurden, ausländischen Investoren besonders günstige Rahmenbedingungen zur Verfügung zu stellen, sodass Unternehmen mit verhältnismäßig geringem Aufwand Gesellschaften gründen können. Darüber hinaus besteht oftmals kein Erfordernis, Gewerberäume anzumieten oder sonstige lokale Investitionen zu tätigen (Stichwort: wirtschaftliche Substanz). Verbunden mit dem fehlenden Substanzerfordernis konnten die Unternehmen in Anbetracht dieser Umstände bislang Strukturen für eine Gewinnverlagerung und -verkürzung schaffen.

Ein weiteres Problem von offenen Märkten und Grenzen ist der freie Kapitalverkehr. Hierdurch wird der Steuervollzug vor Herausforderungen gestellt, denen Staaten nur zusammen begegnen können. Der Kampf der OECD gegen

Gestaltungen der Steuervermeidung zeigt, welche Chancen die internationale Zusammenarbeit und die Erarbeitung gemeinsamer Standards nach wie vor für die Regierungen der OECD-Mitgliedstaaten bergen.

2.2   Entstehungsgeschichte

2.2.1   Der Bericht der OECD über schädliche Steuerpraktiken (1998)

Die Organisation für wirtschaftliche Zusammenarbeit und Entwicklung (OECD) hat bereits im Jahr 1998 einen Bericht zu schädlichen Steuerpraktiken (OECD, *Harmful Tax Competition: An Emerging Global Issue*) veröffentlicht. Der Bericht enthielt u. a. Feststellungen darüber, dass infolge der Globalisierung ein Umfeld geschaffen wurde, das die Entstehung von Steueroasen begünstigt und im Gesamten einen fairen Steuerwettbewerb untergräbt.

Bedeutend wichtiger ist jedoch, dass durch den Bericht zugleich der Grundstein für die Arbeiten der OECD im Bereich schädlicher Steuerpraktiken gelegt wurde. So wurde in Anbetracht der zahlreichen Steuerumgehungen zur Förderung dieser Arbeiten das Forum „Schädliche Steuerpraktiken" (Forum on Harmful Tax Practices – FHTP) gegründet.

Ferner legte der Bericht erstmals Kriterien fest, anhand derer eine Steueroase definiert werden konnte.

▶ **Definition** Die vier Schlüsselfaktoren für die Definition einer **Steueroase** waren:

1. Keine oder nur nominale Steuern auf Einkünfte,
2. Kein effektiver Informationsaustausch,
3. Keine Transparenz und
4. Keine wesentliche Geschäftstätigkeit.

Im Gegensatz zu früheren Auffassungen reichte die Verwirklichung des ersten Kriteriums allein nicht mehr aus, um einen Staat als Steueroase einzustufen.

Das Erfordernis der wesentlichen Geschäftstätigkeit stützte sich insbesondere auf den – ebenfalls im Bericht von 1998 von der OECD festgelegten – Faktor, ob eine Regelung „Anreize für rein steuerlich motivierte Tätigkeiten und Strukturen schafft" (sog. präferenzielle Regelung).

Laut dem Bericht der OECD, soll dies der Fall sein, wenn die vorhandenen Steuerregelungen es den Steuerpflichtigen ermöglichen, die Vergünstigungen der betreffenden Regelung in Anspruch zu nehmen, obwohl sie Tätigkeiten nachgehen, die rein steuerlich motiviert sind und keine wesentliche Geschäftstätigkeit beinhalten.

Der Bericht gab in begrenztem Umfang Orientierungshilfen für die Anwendung dieses Faktors. Insofern war die Idee eines Substanzerfordernisses bereits zu dieser Zeit keine Unbekannte mehr, wenn auch das Kriterium weder für die Ermittlung noch für die Beseitigung schädlicher Steuerpraktiken herangezogen wurde.

Auch wurde im Bericht bereits auf die Tätigkeiten Bezug genommen, für die eine wesentliche Geschäftstätigkeit vorliegen muss. Eine Untersuchung ergab, dass schädliche Steuerpraktiken insbesondere im Zusammenhang mit geografisch mobilen Tätigkeiten aufkamen. Dies waren in erster Linie Finanz- und anderweitige Dienstleistungen, einschließlich der Bereitstellung immaterieller Werte. Wegen ihrer besonderen Beschaffenheit lassen sich solche Tätigkeiten sehr leicht von einem in ein anderes Land verlagern. Durch die Globalisierung und technologische Innovationen hat sich diese Mobilität weiter erhöht.

Die Tätigkeiten, die der Report der OECD von 1998 auflistete, haben heute Eingang in die Mindestvorgaben der OECD und damit in die „Economic Substance Regulations" der verschiedenen Jurisdiktionen gefunden.

Der Bericht war der Startschuss für die Überprüfung steuerlicher Begünstigungssysteme in den OECD-Mitgliedstaaten, um die Ergebnisse in den für die Gewinnverkürzung und Gewinnverlagerung (Base Erosion and Profit Shifting – „BEPS") relevanten Arbeiten zu präsentieren. Die über Jahre hinweg dauernden Konsultationen wurden vom FHTP durchgeführt und orientierten sich an den im Bericht von 1998 aufgeführten Grundsätzen und Kriterien.

Das Ergebnis der Prüfungen war die Feststellung, dass die Gewinnverkürzung und Gewinnverlagerung eine ernsthafte Bedrohung für die Steuereinnahmen, die Steuerhoheit und die Steuergerechtigkeit darstellt, unabhängig davon, ob es sich um ein Mitgliedsland der OECD handelt oder nicht. Zwar war dieses Ergebnis bereits im Bericht von 1998 enthalten, allerdings haben die Arbeiten über die

Jahre hinweg dieses Ergebnis nochmals ausdrücklich bestätigt. So bestanden in den nachfolgenden Jahren dieselben grundlegenden steuerpolitischen Anliegen. Im Ergebnis war die Aushöhlung der Steuerbasis eines Landes auf vielfache Weise denkbar, eine besonders schwerwiegende Ursache war jedoch die Gewinnverkürzung und Gewinnverlagerung. Zwar war es notwendig, weitere Daten zu generieren, allerdings bestand anhand der Ergebnisse kein Zweifel, dass eine Lösung für die Problematik gefunden werden musste. In diesem Kontext haben die G20-Staaten die Arbeiten des FHTP bzw. der OCED begrüßt und diese gebeten, auf ihrer Tagung im Februar 2013 über die dabei erzielten Fortschritte Bericht zu erstatten, woraufhin der Bericht *Adressing Base Erosion and Profit Shifting* (Gewinnverkürzung und Gewinnverlagerung – Situationsbeschreibung und Lösungsansätze) veröffentlicht wurde.

2.2.2 BEPS-Aktionsplan: Aktionspunkt 5 (2013 – 2015)

Im Anschluss an die Veröffentlichung des Berichts haben die Mitgliedstaaten der OECD sowie die G20-Staaten im September 2013 einen 15-Punkte-Aktionsplan gegen Gewinnverkürzung und Gewinnverlagerung (Base Erosion and Profit Shifting – „BEPS") verabschiedet.

Unter BEPS wird das Projekt zahlreicher Staaten unter Federführung der OECD gegen Gewinnverkürzung und Gewinnverlagerung verstanden. Neben den Mitgliedstaaten der OECD und den G20-Staaten haben sich auch viele Entwicklungs- und Schwellenländer sowie internationale Organisationen, wie die UNO oder die Europäische Union (EU) an diesem Projekt beteiligt.

Der Aktionsplan sollte den Staaten u. a. nationale und internationale Instrumente an die Hand geben, die die Besteuerungsrechte stärker an der wirtschaftlichen Tätigkeit ausrichten. Entsprechend der Ergebnisse und Forderungen im Bericht wurden im Aktionsplan

a) Maßnahmen zur Bekämpfung von BEPS aufgezeigt,
b) Fristen für die Umsetzung dieser Maßnahmen gesetzt und
c) die zur Umsetzung dieser Maßnahmen erforderlichen Ressourcen und Methoden aufgezeigt.

Maßnahmen zur Bekämpfung von BEPS beinhalten im Allgemeinen u. a. die Schaffung neuer internationaler Standards, um die Besteuerung von Unternehmenseinkünften auf internationaler Ebene abzustimmen.

Im BEPS-Aktionsplan wurden 15 Maßnahmen entlang drei großer Achsen
identifiziert:

- Gewährleistung der Kohärenz der innerstaatlichen Vorschriften, die sich
  auf grenzüberschreitende Tätigkeiten auswirken
- Stärkung der Substanzanforderungen in den bestehenden internationalen
  Standards
- Erhöhung der Transparenz sowie der Planungssicherheit

Der Arbeit zu schädlichen Steuerpraktiken sollte hierbei ein besonderes Gewicht
zukommen. Die Untersuchungen der letzten Jahre haben ergeben, dass die
gegenwärtigen Vorschriften in vielen Fällen gut funktionierten, jedoch nun eine
Anpassung dahingehend erfolgen muss, dass BEPS im Rahmen von Wechsel-
beziehungen zwischen mehr als zwei Staaten verhindert werden und globale
Wertschöpfungsketten vollständig berücksichtigt werden. Durch die Ein-
beziehung von Drittstaaten in das bilaterale Regelwerk zweier Vertragspartner,
entstehen Umgehungsmöglichkeiten (bspw. niedrig besteuerte Betriebsstätten
einer ausländischen Gesellschaft, Durchlaufgesellschaften oder künstliche Verlagerung von Einkünften durch Verrechnungspreisgestaltungen).

Die Zahlen im Bericht des FHTP zeigten deutlich, wie und in welcher
Größenordnung bestimmte Systeme zur Verlagerung von Investitionen und
konzerninterner Finanzierung von einem Staat in einen anderen über Durchlauf-
konstruktionen eingesetzt werden. Die damit einhergehende Forderung bestand
darin, dass bestehende nationale und internationale Steuervorschriften dahingehend geändert werden müssen, dass Einkünfte stärker der wirtschaftlichen
Tätigkeit zugeordnet werden, durch die sie erzielt werden.

Daher wurde diese Thematik in dem BEPS-Aktionsplan mit einem eigenen
Punkt (Aktionspunkt 5) belegt, der an das FHTP einen entsprechenden Auftrag
erteilt. Dort heißt es u. a.:

Neuausrichtung der Arbeiten zu schädlichen Steuerpraktiken […] und Ein-
führung der Bedingung, dass für die Anwendung solcher [präferenziellen]
Regelungen eine wesentliche Geschäftstätigkeit vorliegen muss. [Vgl. Punkt 5 des
BEPS-Aktionsplans – Wirksamere Bekämpfung schädlicher Steuerpraktiken unter
Berücksichtigung von Transparenz und Substanz, OECD, 2014, S. 21, https://
dx.doi.org/10.1787/9789264209688-de. Zugegriffen: 17.06.2020.]

Hauptaugenmerk der Arbeiten des FHTP sollte die Vereinbarung und Anwendung einer Methode zur Definition des Erfordernisses der wesentlichen Geschäftstätigkeit (Substanz) für die Beurteilung präferenzieller Regelungen sein. Das FHTP wurde mit dieser Aufgabe betraut, da die G20 und OECD-Staaten übereinkamen, dass das Erfordernis der wesentlichen Geschäftstätigkeit (Substanz) gestärkt werden sollte. Dieses Kriterium, das zur Beurteilung präferenzieller Regelungen angewandt wird, soll zukünftig die Besteuerung der Gewinne an der wesentlichen Geschäftstätigkeit ausrichten, mit der sie erzielt werden.

Die Anforderung ließ sich der zweiten Säule des BEPS-Projekts zuordnen (Stärkung der Substanzanforderungen in den bestehenden internationalen Standards). Hierbei geht es darum, die Besteuerung an der wirtschaftlichen Substanz auszurichten, indem sichergestellt wird, dass zu versteuernde Gewinne nicht mehr künstlich aus den Ländern hinausverlagert werden können, in denen die Wertschöpfung erfolgt. Insofern wurde der – bereits im Bericht der OECD von 1998 angesprochene – Faktor der wesentlichen Geschäftstätigkeit aufgewertet, indem im Rahmen des BEPS-Aktionsplans eine stärkere Befassung und Ausarbeitung mit diesem Kriterium erfolgte. Die wesentliche Geschäftstätigkeit war fortan ein entscheidender Faktor zur Identifizierung und Beseitigung schädlicher Steuerpraktiken. Dieser sollte mitunter zur Frage herangezogen werden, ob eine in den Rahmen der Arbeiten des FHTP fallende präferenzielle Regelung potenziell schädlich ist.

▶ Das Erfordernis substanzieller Aktivitäten wurde erst ab 2015 als entscheidender Faktor zur Identifizierung und Beseitigung schädlicher Steuerpraktiken angesehen.

Im BEPS-Aktionsplan wurde zur Bestimmung einer wesentlichen Geschäftstätigkeit seitens des FHTP der sog. **Nexus-Ansatz** herangezogen. Der Ansatz formuliert bereits faktisch ein Substanzerfordernis und ist ein kostenbasierter Ansatz. Ursprünglich wurde der Ansatz für IP-Regelungen entwickelt, allerdings lässt sich das Prinzip im Kontext anderer präferenzieller Regelungen aufrechterhalten. In der Regel sind IP-Regelungen dazu bestimmt, Tätigkeiten im Bereich von Forschung und Entwicklung zu fördern sowie Wachstum und Beschäftigung zu steigern.

Kernaussage dieses Ansatzes ist, dass die den (Lizenz-) Einnahmen zugrunde liegenden Wirtschaftsgüter durch eigene Forschungs- und Entwicklungstätigkeit entstanden sein müssen. Denkbar sind sowohl Jurisdiktionen, die den

Forschungs- und Entwicklungsaufwand mit Gutschriften belohnen, als auch Jurisdiktionen, die die Einnahmen begünstigen. Maßgeblich ist die steuerliche Ausgestaltung, d. h., in welchem Umfang die Wertschöpfung aus diesen (immateriellen) Wirtschaftsgütern begünstigt wird.

Das FHTP hat drei verschiedene Vorgehensweisen für die Umsetzung des Erfordernisses der wesentlichen Geschäftstätigkeit geprüft.

1. Auf der Wertschöpfung basierend verlangte dieser Ansatz vom Steuerpflichtigen, eine bestimmte Anzahl an wesentlichen Entwicklungstätigkeiten durchzuführen.
2. Hierbei handelte es sich um einen Verrechnungspreisansatz. Danach hätte eine Regelung für die gesamten aus der Tätigkeit resultierenden Einnahmen Steuervergünstigungen vorgesehen,
   a) wenn der Steuerpflichtige eine bestimmte Anzahl wichtiger Funktionen in dem Staat angesiedelt hat, der die Regelung erlassen hat,
   b) der Steuerpflichtige der rechtliche Eigentümer der zu den Steuervergünstigungen Anlass gebenden Vermögenswerte ist und diese Vermögenswerte nutzt und
   c) der Steuerpflichtige die wirtschaftlichen Risiken der zu den Vergünstigungen Anlass gebenden Vermögenswerte trägt.
3. Schließlich einigte sich das FHTP auf den sog. **Nexus-Ansatz,** der seitens der G20 gebilligt wurde. Dem Erfordernis der wesentlichen Geschäftstätigkeit im Kontext von IP-Regelungen liegt das Prinzip zugrunde, nur Steuerpflichtigen, die solche Aktivitäten tatsächlich durchgeführt und effektive Ausgaben für diese Aktivitäten getätigt haben, die Nutzung solcher Regelungen zu gestatten. Es kommt somit auf die tatsächliche Ausführung der entscheidenden Einkünfte generierenden Tätigkeiten an.

Im Rahmen des BEPS-Aktionsplans wurden die Tätigkeiten beschrieben, für die eine wesentliche Geschäftstätigkeit (Substanz) vorliegen muss. Grundlage hierfür waren stets die im Bericht von 1998 konzipierten geografischen mobilen Tätigkeiten. Diese Auflistung der Tätigkeiten diente als Rahmen für die Implementierung der Anwendungsbereiche in den jeweiligen Jurisdiktionen.

2.2.3 Inclusive Framework on BEPS

Nach etlichen verschiedenen Papieren und Entwürfen, wurde im Herbst 2015 ein 15 Punkte umfassender Aktionsplan vorgestellt. Seither wird an der konkreten Umsetzung der einzelnen Aktionspunkte gearbeitet. Zur Koordinierung der Umsetzung sowie zur Beobachtung der Wirkungsweise der implementierten Regelungen wurde das sog. „Inclusive Framework on BEPS" eingerichtet. Diesem Rahmen sind bereits etliche OECD-Mitgliedstaaten wie auch zahlreiche Entwicklungs- und Schwellenländer beigetreten.

Der Inclusive Framework kam überein, die Anwendung der Anforderungen für substanzielle Aktivitäten für keine oder nur nominale Steuergebiete im November 2018 erneut aufzunehmen. Hintergrund war, dass zwar das Erfordernis der wirtschaftlichen Substanz gestärkt werden sollte, jedoch hierzu keine spezifischen Kriterien zur Bestimmung solch einer Substanz ergingen. Dies änderte sich mit der Veröffentlichung des Reports des Inclusive Framework (OECD, *Resumption of Application of Substantial Activities Factor to No or only Nominal Tax Jurisdictions* – BEPS Action 5, 2018). Dieser nahm bezüglich der wesentlichen Substanz u. a. Bezug auf den Progress Report von 2017 (OECD/G20, *Base Erosion and Profit Shifting Project, Harmful Tax Pracitces – 2017 Progress Report on Preferential Regimes* – Inclusive Framework on BEPS: Action 5). So wurden insbesondere die Hintergründe für die Wiederaufnahme des Faktors der wesentlichen Substanz sowie die technischen Leitlinien für die Anwendung dieses Faktor dargelegt. Der Bericht von 2018 bildet zusammen mit dem Progress Report von 2017 die Grundlage für die Mindestanforderungen der OECD und nimmt die betroffenen Jurisdiktionen an die Hand.

Seit der Veröffentlichung der Anforderungen für wesentliche Aktivitäten haben die Länder mit keinen oder nur nominalen Steuerhoheiten neue gesetzliche Bestimmungen erlassen, um den Standard zu erfüllen. Im Januar 2019 einigte sich der Inclusive Framework auf einen Peer-Review-Prozess für diese Jurisdiktionen, der vom FHTP durchgeführt werden sollte. Maßstab der Überprüfung war der nationale Rechtsrahmen des jeweiligen Landes. Um die Wirksamkeit der Standards in der Anwendungspraxis zu überprüfen, sollte der Überwachungsprozess im jährlichen Turnus stattfinden.

2.2.4 EU: Gruppe „Verhaltenskodex (Unternehmensbesteuerung)" und Liste nicht kooperativer Länder und Gebiete (Schwarze Liste)

Ende 2016 nahm der Rat der Europäischen Union (EU) Vorschläge der Europäischen Kommission zur Steuervermeidung an und reagierte insofern auf die Enthüllungen der „Panama Papers" zu Beginn des gleichen Jahres. Konkret wurde die Gruppe „Verhaltenskodex (Unternehmensbesteuerung)" damit beauftragt, Prüfungsausschüsse mit Vertretern der EU-Mitgliedstaaten und der Europäischen Kommission zu bilden. Zudem einigte sich der Rat der Europäischen Union auf die Kriterien und das Verfahren für die Erstellung einer „EU-Liste nicht kooperativer Länder und Gebiete für Steuerzwecke" (sog. EU-Tax Blacklist – Schwarze Liste). Anhand dieser Liste sollten einzelne Länder,

Tab. 2.1 **EU-Liste nicht kooperativer Länder und Gebiete für Steuerzwecke** (Stand: 27. Februar 2020)

Amerikanisch-Samoa	Palau
Amerikanische Jungferninseln	Panama (ESR umgesetzt)
Fidschi	Samoa
Guam	Seychellen (ESR umgesetzt)
Kaiman-Inseln (ESR umgesetzt)	Trinidad und Tobago
Oman	Vanuatu

die missbräuchliche Steuerpraktiken fördern, zur Zusammenarbeit mit der EU bewogen werden.

Nachdem der von der Gruppe „Verhaltenskodex (Unternehmensführung)" beauftragte Prüfungsausschuss im Rahmen eines Evaluierungsverfahrens etliche Defizite in den verschiedenen Ländern feststellte, beschloss im Oktober 2017 die Gruppe „Verhaltenskodex (Unternehmensbesteuerung)" die Defizite der betreffenden Länder als Anlass zu nehmen, diese für die Schwarze Liste vorzuschlagen. Im Dezember 2017 nahm daraufhin der Rat die erste „EU-Liste nicht kooperativer Länder und Gebiete für Steuerzwecke" an (Anlage I der Schlussfolgerungen des Rates – sog. Schwarze Liste).

Die Liste nicht kooperativer Länder und Gebiete (Tab. 2.1), die Teil der vom Rat festgelegten externen Strategie der EU für Besteuerung ist, soll zu den laufenden Bemühungen beitragen, weltweit verantwortungsvolles Handeln im Steuerbereich zu fördern.

▶ Es handelt sich hierbei um eine kontinuierliche und dynamische Liste, die folgende Aspekte umfasst:

- Festlegung von Kriterien nach internationalen Steuerstandards (dieses Kriterium ist die Schnittstelle zu den Vorgaben der OECD, die einen einheitlichen Standard erreichen wollen, sodass die Umsetzung für die EU von großem Interesse ist);
- Überprüfung der Länder anhand dieser Kriterien;
- Kontaktaufnahme zu Ländern, die die festgelegten Kriterien nicht einhalten;
- Aufnahme in die Liste bzw. Streichung von der Liste, wenn Länder Zusagen treffen oder Maßnahmen einleiten, um die Kriterien zu erfüllen;

- Beobachtung der Entwicklungen, um sicherzustellen, dass die betroffenen Länder und Gebiete keine Rückschritte gegenüber früheren Reformen machen.

Die Liste enthält Länder und Gebiete, die entweder keinen konstruktiven Dialog mit der EU über ein verantwortungsvolles Handeln im Steuerbereich aufgenommen haben oder ihren Verpflichtungen zur fristgerechten Umsetzung von Reformen zur Einhaltung der EU-Kriterien nicht nachgekommen sind.

Länder und Gebiete, die noch nicht alle internationalen Steuerstandards erfüllen, aber Reformen zugesagt haben, werden als kooperativ angesehen und in ein „Dokument über den Stand der Zusammenarbeit" (Anlage II) aufgenommen (sog. Graue Liste). Die Gruppe „Verhaltenskodex (Unternehmensbesteuerung)" des Rates überwacht, dass die Länder und Gebiete die erforderlichen Reformen innerhalb der vereinbarten Fristen umsetzen. Sobald ein Steuergebiet seine Verpflichtungen erfüllt, wird es von der Grauen Liste gestrichen.

Die Frist für die meisten Verpflichtungen der Drittländer und -gebiete lief Ende 2019 ab und die Umsetzung dieser Verpflichtungen in nationales Recht wurde auf fachlicher Ebene von der Gruppe „Verhaltenskodex (Unternehmensbesteuerung)" bis zum Beginn des Jahres 2020 überwacht. Der Rat hat die daraus resultierende überarbeitete „EU-Liste nicht kooperativer Länder und Gebiete" angenommen und eine überarbeitete Bilanz hinsichtlich der noch zu erfüllenden Verpflichtungen gebilligt.

Insgesamt ist eine regelmäßige Überarbeitung der Liste in den kommenden Jahren vorgesehen. Die Überarbeitung wird sich u. a. an den verändernden Fristen für die Erfüllung der Verpflichtungen der Länder und Gebiete sowie der (Weiter-) Entwicklung der Kriterien, die die EU für die Festlegung der Liste heranzieht (bspw. Standards der OECD) bemessen.

Parallel zur Erstellung der Schwarzen Liste hat der Rat der EU Leitlinien für die weitere Koordinierung nationaler Abwehrmaßnahmen im Steuerbereich gegenüber nicht kooperativen Ländern und Gebieten erstellt. Sofern das Land auf der Schwarzen Liste gelistet ist, geht der Name des betroffenen Landes in der Regel mit Reputationseinbußen einher. Allerdings ist dies keine von der EU erklärte Sanktion. Vielmehr sollen die EU-Mitgliedstaaten mithilfe der Leitlinien ab dem 1. Januar 2021 legislative Abwehrmaßnahmen im Steuerbereich gegenüber den auf der Schwarzen Liste aufgeführten Ländern anwenden, um diese Länder und Gebiete zur Einhaltung der Kriterien des Verhaltenskodex für die Überprüfung von Steuergerechtigkeit und Transparenz anzuhalten.

Mindestvorgaben für eine wirtschaftliche Substanz

3

Die OECD versucht mithilfe des BEPS-Aktionsplans neue internationale Standards zu implementieren. Um der Gefahr einer Gewinnverlagerung und -verkürzung zu begegnen, hat die OECD gewisse Mindestanforderungen zur Bestimmung einer wirtschaftlichen Substanz vorgegeben, die für die betroffenen Jurisdiktionen eine Orientierungshilfe bei der Umsetzung darstellen sollen. Um Economic Substance Regulations wirksam zu implementieren, müssen die Niedrigsteuerjurisdiktionen einige Mindestanforderungen einhalten:

- die Festlegung und Definition von „Relevanten Aktivitäten", aus deren Kernaktivitäten gewisse Einkünfte in der jeweiligen Jurisdiktion generiert werden (Core income generating activities – CIGA),
- die Sicherstellung, dass die CIGA von der Gesellschaft in der entsprechenden Jurisdiktion durchgeführt werden,
- der Nachweis, dass die Gesellschaft über eine angemessene Anzahl an Vollzeitbeschäftigten mit den erforderlichen Qualifikationen verfügt,
- die Anforderung, dass die Gesellschaft über einen angemessenen Betrag an Betriebsausgaben verfügt, und
- die Einrichtung eines transparenten Mechanismus, um die Einhaltung der Gesetze zu gewährleisten und einen wirksamen Durchsetzungsmechanismus bereitzustellen, sofern die einkommenserzeugenden Kernaktivitäten (CIGA) nicht von der Gesellschaft, sondern durch Dritte durchgeführt werden oder nicht innerhalb der Jurisdiktion stattfinden.

© Der/die Herausgeber bzw. der/die Autor(en), exklusiv lizenziert durch Springer Fachmedien Wiesbaden GmbH, ein Teil von Springer Nature 2020
C. Frank-Fahle und M. Zimmermann, *Economic Substance Regulations,*
essentials, https://doi.org/10.1007/978-3-658-31098-1_3

3.1   Relevante Aktivitäten

Die entsprechenden Aktivitäten wurden seitens des FHTP im Report der OECD von 1998 zum ersten Mal aufgegriffen. Der Report fokussierte sich auf schädliche Steuerpraktiken im Zusammenhang mit geografisch mobilen Tätigkeiten und nannte als Beispiele Finanz- und andere Dienstleistungen, einschließlich der Bereitstellung immaterieller Werte. Diese Tätigkeiten lassen sich in Anbetracht ihrer besonderen Beschaffenheit sehr leicht in eine andere Jurisdiktion verlagern. Mithin besteht das Risiko, dass die Unternehmen in anderen als in den registrierten Jurisdiktionen tätig sind und Einkünfte beziehen. Ferner erfordern diese Tätigkeiten nicht notwendigerweise einen Anknüpfungspunkt zu den Einkünften, da Dienstleistungsaktivitäten als direkt zu den Einkünften beitragend betrachtet werden können, für welche die Vergünstigungen gewährt werden.

Nach dem Ansatz der OECD hängt die Einordnung, welche relevanten Aktivitäten zur Erzielung von Einkünften notwendig sind, grundsätzlich von der Art der Regelung in der jeweiligen Jurisdiktion ab. Zwar können Regelungen auf eine gleiche Einkunftsart abzielen, dennoch werden bezüglich der Anwendung dieser Regelungen in den verschiedenen Staaten erhebliche Unterschiede bestehen. Die OECD ist sich daher bewusst, dass eine genauere Untersuchung der relevanten Aktivitäten zum Zeitpunkt und im Kontext der konkret betrachteten Regelung erfolgen muss.

3.1.1   Unternehmenszentralen

Hintergrund für die Aufnahme von Unternehmenszentralen ist die Feststellung der OECD, dass diesbezügliche Regelungen regelmäßig eine steuerliche Vorzugsbehandlung für Steuerpflichtige vorsehen, sofern diese bestimmte Leistungen erbringen (bspw. Verwaltung, Koordination oder Kontrolle der Geschäftstätigkeit für einen Konzern oder entsprechende Tochtergesellschaften). Nach Ansicht der OECD wird hierbei künstlich auf die Definition der Steuerbemessungsgrundlage eingewirkt. Ferner können solche Regelungen Fragen in Bezug auf die Substanz werfen.

Zu den entscheidenden Einkünfte generierenden Aktivitäten einer Unternehmenszentrale könnten die wesentlichen Tätigkeiten gehören, die zu einem bestimmten Typ von Dienstleistungseinkünften führen, die dieses Unternehmen bezieht. Sie könnten beispielsweise das Treffen einschlägiger Managemententscheidungen, die Tätigung von Ausgaben für Konzernunternehmen und die Koordinierung von Konzernaktivitäten umfassen.

3.1.2   Vertriebs- und Dienstleistungszentren

Regelungen für Vertriebszentren sehen eine steuerliche Vorzugsbehandlung für Rechtsträger vor, deren hauptsächliche oder ausschließliche Tätigkeit darin besteht, diverse Roh-, Hilfs- und Betriebsstoffe sowie Endprodukte bei anderen Konzernunternehmen einzukaufen und diese gegen eine geringe Gewinnmarge weiterzuverkaufen. Regelungen für Dienstleistungszentren sehen eine steuerliche Vorzugsbehandlung für Rechtsträger vor, die ausschließlich Dienstleistungen für andere Unternehmen desselben Konzerns erbringen.

Zwar kann mit den gegenwärtigen Standards und Kriterien Abhilfe gegen die steuerlichen Probleme (Ringfencing, künstliche Steuerbemessungsgrundlage) geleistet werden, Fragen in Bezug auf die Substanz bleiben dabei jedoch bestehen.

Zu den einkommenserzeugenden Kerntätigkeiten in einem Vertriebs- oder Dienstleistungsunternehmen könnten Aktivitäten wie der Transport und die Lagerung von Waren, die Verwaltung von Lagerbeständen und die Entgegennahme von Bestellungen sowie die Erbringung von Beratungs- oder anderen Verwaltungsdienstleistungen gehören.

3.1.3   Finanzierungs- und Leasingaktivitäten

Die Hauptprobleme bei Finanzierungs- und Leasingregelungen fügen sich in die bereits genannten Bedenken ein (Fragen des Ringfencing sowie künstliche Definition der Steuerbemessungsgrundlage).

Zu den entscheidenden Einkommen erzeugenden Kerntätigkeiten einer Finanzierungs- oder Leasinggesellschaft gehören die Vereinbarung von Finanzierungsbedingungen, die Identifizierung und der Erwerb von zu leasenden Vermögenswerten (im Falle des Leasings), die Festlegung der Bedingungen und der Laufzeit von Finanzierungs- oder Leasingverträgen sowie die Überwachung solcher Vereinbarungen und Risikomanagement.

3.1.4   Fondsmanagement

Nach Feststellung der OECD sehen Regelungen für das Fondsmanagement eine steuerliche Vorzugsbehandlung für Einkünfte vor, die von Fondsmanagern für die Verwaltung von Vermögen bezogen werden. Die Gegenleistung in Form einer Vergütung berechnet sich nach einer im Voraus festgelegten Formel. Das Augenmerk der OECD liegt dabei nicht auf der Besteuerung der Einkünfte oder

Gewinne des Fonds selbst oder der an einem Fonds beteiligten Anleger. Vielmehr bestehen Bedenken hinsichtlich der Vergütung des Fondsmanagers sowie hinsichtlich Art und Ort der Besteuerung.

Zu den wichtigsten Einkünfte generierenden Tätigkeiten eines Fondsmanagers zählen Entscheidungen über das Halten und den Verkauf von Anlagen, die Berechnung von Risiken und Reserven, Entscheidungen über Währungs- oder Zinsschwankungen und Hedging-Positionen sowie die Vorbereitung relevanter regulatorischer oder anderer Berichte für Regierungsbehörden und Investoren.

3.1.5   Bank- und Versicherungswesen

Das Hauptproblem der steuerlichen Behandlung von Bank- und Versicherungsgeschäften hängt mit den Vergünstigungen zusammen, die gewisse Regelungen für Einkünfte aus ausländischen Aktivitäten gewähren. Im Bankwesen muss im Hinblick auf die Substanz das aufsichtsrechtliche Umfeld gewährleisten, dass ein Unternehmen in der Lage ist, Risiken zu tragen und seiner Geschäftstätigkeit nachzugehen.

Im Kontext von Versicherungsgeschäften kann es angesichts der Möglichkeit einer Rückversicherung, sich schwieriger gestalten, ohne Weiteres die Aktivitäten und Regelungen, die Probleme in Bezug auf die Substanz aufwerfen, von denen zu unterscheiden, die dies nicht tun.

Die entscheidenden Einkünfte erzielenden Tätigkeiten von Bankunternehmen sind von der Art der Bankgeschäfte abhängig, denen das betroffene Unternehmen nachgeht. Grundsätzlich wird von der Tätigkeit die Beschaffung von Geldmitteln, das Risikomanagement einschließlich des Kredit-, Währungs- und Zinsrisikos, das Eingehen von Hedging-Positionen, die Bereitstellung von Darlehen, Krediten oder anderen Finanzdienstleistungen für Kunden, die Verwaltung des aufsichtsrechtlichen Kapitals sowie die Erstellung von aufsichtsrechtlichen Berichten und Erklärungen umfasst.

Bei Versicherungsgesellschaften widerspiegeln sich die Kerntätigkeiten in der Prognose und Berechnung von Risiken, in der Versicherung oder Rückversicherung von Risiken sowie im Kundendienst.

3.1.6   Schifffahrt

Regelungen für die Schifffahrt sehen eine steuerliche Vorzugsbehandlung für Schifffahrtsaktivitäten vor, indem sie eine Trennung der Einkünfte aus dem Schifffahrtsgeschäft von den Kerntätigkeiten gestatten, aus denen diese Einkünfte hervorgehen. Dies wirft große Bedenken bezüglich der wesentlichen Geschäftstätigkeit auf.

Die entscheidenden Einkünfte generierenden Aktivitäten von Schifffahrtsgesellschaften sind die Verwaltung der Besatzung (einschließlich Einstellung, Bezahlung und Beaufsichtigung von Besatzungsmitgliedern), das Schleppen und die Wartung von Schiffen wie auch die Überwachung und Nachverfolgung von Ladungen. Schließlich gehören auch Entscheidungen über Warenbestellungen und -auslieferungen sowie die Organisation und Überwachung der Fahrten zum Schifffahrtsgeschäft.

3.1.7 Holdinggesellschaften

Bei Holdinggesellschaften müssen die Regelungen unterteilt werden:

- Regelungen, die Vergünstigungen für Unternehmen vorsehen, die eine Vielzahl von Vermögenswerten halten und verschiedene Arten von Einkünften erzielen (z. B. Zinsen, Mieteinnahmen und Lizenzgebühren), und
- Regelungen, die nur für Gesellschaften gelten, die Beteiligungen am Kapital anderer Unternehmen halten und nur Dividenden und Veräußerungserlöse beziehen (reine Aktienholdinggesellschaften).

Bei Holdinggesellschaften, die eine Vielzahl von Vermögenswerten halten und verschiedene Arten von Einkommen erzielen, wären die Haupteinkommen erzeugenden Aktivitäten diejenigen Aktivitäten, die mit dem Einkommen verbunden sind, welches die Holdinggesellschaften erzielen.

Beispiel

Eine Holdinggesellschaft, die Leistungen für Bankeinkünfte erhält, muss die Einkünfte generierenden Kernaktivitäten mit den Bankgesellschaften in Verbindung bringen. ◀

Sofern andere Einkünfte als Dividenden und Veräußerungserlöse bestehen, sollte in diesem Kontext das Erfordernis der wesentlichen Geschäftstätigkeit voraussetzen, dass die qualifizierten Steuerpflichtigen den entscheidenden Tätigkeiten nachgegangen sind, die an diese Arten von Einkünften geknüpft sind.

Regelungen für reine Aktienholdinggesellschaften werfen eine andere steuerliche Fragestellung auf. Reine Holdinggesellschaften benötigen grundsätzlich nicht viel Substanz, um ihrer Haupttätigkeit (Halten und Verwalten von Kapitalbeteiligungen) nachzugehen. Neben den Bedenken bezüglich der wirtschaftlichen Substanz können solche Regelungen regelmäßig Probleme bei der Transparenz verursachen. Zudem besteht infolge der Regelungen ein Unvermögen, den wirtschaftlichen Eigentümer der Dividenden zu identifizieren. Die OECD macht jedoch deutlich, dass es keine Besorgnis darüber gibt, dass reine Aktienholdinggesellschaften für schädliche Steuerpraktiken verwendet werden.

Übersicht

Unternehmen, die ausschließlich Aktien halten, müssen bestätigen, dass sie alle anwendbaren Anforderungen nach dem Recht der Jurisdiktion in der sie gegründet wurden, erfüllen.

Sofern Holdinggesellschaften auch andere relevante Tätigkeiten ausüben, müssen sie zusätzlich die mit dieser Tätigkeit verbundenen Anforderungen erfüllen.

3.1.8 Geistiges Eigentum (IP)

Ein besonderes Augenmerk richtete das FHTP auf Regelungen, die eine steuerliche Vorzugsbehandlung für Einkünfte aus geistigem Eigentum (IP) vorsahen, da diese Gewinnverkürzungsfragen aufwarfen, welche im Mittelpunkt der Arbeiten standen.

Wirtschaftszweige, die sehr IP lastig bzw. geprägt sind, werden als ein entscheidender Antriebsfaktor für Wachstum und Beschäftigung angesehen. Mithin haben die Staaten das Recht, Steueranreize für Tätigkeiten im Bereich von Forschung und Entwicklung (FuE) zu gewähren, sofern diese mit den vom FHTP vereinbarten Grundsätzen in Einklang stehen. Mit dem Erfordernis der wesentlichen Geschäftstätigkeit wird folglich keine bestimmte Form von Regelung hinsichtlich des Geistigen Eigentums empfohlen. Vielmehr ist der Ansatz der OECD so konzipiert, dass die IP-Regelung zwar Vergünstigung für FuE vorsieht, jedoch die Grenzen so definiert sind, dass keine schädlichen Auswirkungen auf andere Staaten eintreten können.

Insgesamt bleibt den Staaten die Entscheidung freigestellt, eine entsprechende Regelung einzuführen oder nicht. IP-Regelungen, die Vergünstigungen für eine enger abgegrenzte Gruppe gewähren, stehen ebenfalls mit dem Ansatz des FHTP im Einklang.

Beispiel

Diese enger abgegrenzte Gruppe kann sich auf Einkommensarten, Gegenstände geistigen Eigentums, Ausgaben oder entsprechende Steuerpflichtige beziehen. ◄

Übersicht

Die Gegenstände geistigen Eigentums, die nach dem Nexus-Ansatz die Voraussetzungen für Steuervergünstigungen im Rahmen einer IP-Regelung erfüllen können, sind

1. ein Patent oder ein anderer geistiger Eigentumswert, der Patenten funktionell entspricht (Patente im weiten Sinne, urheberrechtlich geschützte Software, Non-obvious-Erfindungen) und
2. nicht handelsübliche oder immaterielle Markenbildung sowie das dazugehörige Marketing und der Vertrieb.

Sofern sich die relevante Tätigkeit nicht im High Risk Intellectual Property Business abspielt, bestehen Ausnahmen von diesem Grundsatz. Daher gibt es weitere Einkünfte generierende Tätigkeiten, die die strategische Entscheidung und Management sowie die Risikotragung im Zusammenhang mit der Entwicklung und anschließenden Nutzung des immateriellen Vermögens umfassen. Ferner fällt unter die Kerntätigkeit, strategische Entscheidungen zu treffen und die Hauptrisiken im Zusammenhang mit dem Erwerb durch Dritte, der anschließenden Nutzung und dem Schutz der immateriellen Eigentumswerte zu verwalten. Schließlich wird auch die Durchführung der zugrunde liegenden Handelsaktivitäten, durch die die immateriellen Vermögenswerte verwertet werden und zur Generierung von Dritt-Einkommen führen, umfasst.

3.2 Weitere Anforderungen

Für die Beurteilung einer wirtschaftlichen Substanz hat das FHTP im Bericht von 2018 weitere Kriterien veröffentlicht. Grundsätzlich variieren die Anforderungen je nach „Relevanter Tätigkeit", wobei sich generell die folgenden Mindestanforderungen herausgebildet haben.

Neben dem Vorliegen einer Relevanten Tätigkeit, aus deren Kerntätigkeiten, Einkünfte generiert werden (CIGA), muss sichergestellt sein, dass diese Kerntätigkeiten von der Gesellschaft in der jeweiligen Jurisdiktion ausgeführt werden. Diese Mindestvorgabe entfaltet zwei Folgewirkungen:

1. Die Leitung und Verwaltung der Gesellschaft hat in der jeweiligen Jurisdiktion zu erfolgen.
2. Die Gesellschaft muss denklogisch über ein physische Präsenz in der Jurisdiktion aufweisen.

Zukünftig werden Vorstandssitzungen regelmäßig in der Jurisdiktion abgehalten werden müssen. In diesem Zusammenhang muss eine beschlussfähige Anzahl von Vorstandsmitgliedern physisch bei der Sitzung anwesend sein, sodass strategische Entscheidungen getroffen werden können. Ferner ist es notwendig, Protokolle der Vorstandssitzungen in der jeweiligen Jurisdiktion aufzubewahren. Die bei den Sitzungen anwesenden Vorstandsmitglieder müssen die notwendigen (Fach-) Kenntnisse haben, damit die fehlerfreie Erfüllung der Vorstandsaufgaben gewährleistet ist.

Wenngleich die physische Präsenz des Unternehmens seitens der OECD nicht definiert wird, wird die Anmietung eines Büros sowie eine angemessene Anzahl von Büroangestellten mit entsprechender Qualifikation wahrscheinlich sein.

Eine weitere Anforderung ist, dass die Gesellschaft über eine ausreichende Anzahl an Vollzeitbeschäftigten verfügt und angemessene Betriebsausgaben hat, die im Verhältnis zum Umfang der Tätigkeit stehen. Diese Anforderungen verstehen sich von selbst.

▶   Die Mindestanforderungen der OECD enthalten viele ausfüllungsbedürftige Begriffe, bspw. „angemessen" oder „ausreichend". Dieses subjektive Maß ist jedoch der Anwendungspraxis geschuldet. So wäre es unrealistisch, eine spezifische Formel auf sämtliche Gesellschaften anzuwenden, da jedes Unternehmen für sich gesehen einzigartig ist. Nach dem Gutachten der OECD hängt die Angemessenheit von den besonderen Gegebenheiten des Unternehmens und dessen Geschäftstätigkeit ab. Insofern liegt es in der Verantwortung der Unternehmensführung, sicherzustellen, dass diese Vorgaben der OECD erfüllt werden.

Grundsätzlich soll sichergestellt werden, dass die Kerntätigkeiten des Unternehmens, durch die Einkünfte generiert werden (CIGA), in der Jurisdiktion durchgeführt werden. Es ist jedoch auch möglich, dass ein Unternehmen einige oder all seine Kernaktivitäten auslagert, d. h. an eine dritte Person oder ein Konzernunternehmen vergibt. Die Auslagerung stellt nur dann ein potenzielles Problem dar, sofern es sich auf die CIGA bezieht. Sofern ein Teil oder die gesamten CIGA ausgelagert werden, muss das Unternehmen nachweisen können, dass eine angemessene Aufsicht über die ausgelagerten Kernaktivitäten besteht und dass das Outsourcing an ein Unternehmen erfolgte, welches selbst über entsprechende Ressourcen zur Erfüllung dieser Aufgabe verfügt.

Vorgaben hinsichtlich der Umsetzung eines Reporting-Verfahrens finden sich im Report der OECD von 2018 (OECD, *Resumption of Application of Substantial Activities Factor to No or only Nominal Tax Jurisdictions* – BEPS Action 5, 2018). Dort wird anhand einer Grafik vorgeschlagen, wie eine Notification über die Ausübung einer Relevanten Aktivität eingereicht werden könnte. Aussagen über das Verfahren eines Economic Substance Tests oder Reports enthält der Bericht von 2018 nicht. Auch wird seitens der OECD kein Strafrahmen vorgegeben. Die Ausgestaltung von Strafmaßnahmen wird ins Ermessen der Jurisdiktionen gestellt.

Umsetzung in den jeweiligen Jurisdiktionen

4

Im November 2018 kündigte die OECD im Rahmen des BEPS-Aktionsplans hinsichtlich des Aktionspunktes 5 einen neuen internationalen Standard für diejenigen Jurisdiktionen an, die sich an dem „Inclusive Framework" beteiligten. Ziel der Einführung eines einheitlichen Standard war es, die Verlagerung von Geschäftsaktivitäten in Niedrigsteuerländer zu verhindern, da andernfalls das Erfordernis der wirtschaftlichen Substanz, welches für geografisch mobile Tätigkeiten gilt, umgangen werden konnte. Daher hat die Mehrzahl der betroffenen Niedrigsteuerländer – auch zur Vermeidung von Reputationsbedenken – mittlerweile Regelungen erlassen, mit denen das wirtschaftliche Substanzerfordernis (Economic Substance Regulations) in der jeweiligen Jurisdiktion eingeführt wurde (Tab. 4.1).

Guernsey, Jersey und die Isle of Man waren die ersten Jurisdiktionen, die einen Economic Substance Regulations-Entwurf vorlegten. Diese drei in britischem Kronbesitz liegenden Inseln arbeiteten bei der Formulierung des Gesetzesentwurfes eng zusammen, um einen einheitlichen Ansatz bei der Einführung bzw. Umsetzung des Substanzerfordernisses zu gewährleisten. In der Folge führten auch die Britischen Jungferninseln, die Kaiman-Inseln, Bermuda und die Bahamas Economic Substance Regulations ein, jedoch verfolgte jede Jurisdiktion einen eigenen Ansatz. Sämtliche Economic Substance Regulations traten um den 1. Januar 2019 in Kraft.

Im Folgenden soll die Umsetzung der Economic Substance Regulations in den jeweiligen Jurisdiktionen dargestellt werden. Da jedoch die Darstellung sämtlicher Jurisdiktionen der Idee eines Kurzüberblicks widerspricht, soll nur auf ausgewählte Jurisdiktionen eingegangen werden.

© Der/die Herausgeber bzw. der/die Autor(en), exklusiv lizenziert durch Springer Fachmedien Wiesbaden GmbH, ein Teil von Springer Nature 2020
C. Frank-Fahle und M. Zimmermann, *Economic Substance Regulations,* essentials, https://doi.org/10.1007/978-3-658-31098-1_4

Tab. 4.1 Liste der Länder, die in Anbetracht der Implementierung des neuen Standards Economic Substance Regulations eingeführt haben

Jurisdiktion	Zeitpunkt des Inkrafttretens
Anguilla	1. Januar 2019
Bahamas	31. Dezember 2018
Bahrain	1. Januar 2019
Barbados	1. Januar 2019
Bermuda	31. Dezember 2018
Belize	11. Oktober 2019
Britische Jungferninseln (BVI)	1. Januar 2019
Guernsey	1. Januar 2019
Isle of Man	1. Januar 2019
Jersey	1. Januar 2019
Kaiman-Inseln	1. Januar 2019
Marshall-Inseln	1. Januar 2019
Mauritius	1. Juli 2019
Panama	1. Januar 2019
Seychellen	1. Januar 2019
Turks- und Caicosinseln	1. Januar 2019
Vereinigte Arabische Emirate	30. April 2019

4.1   Belize

4.1.1   Allgemeines

Belize wurde im Dezember 2017 auf die Graue Liste der EU gesetzt, da das Land Verpflichtungen eingegangen ist, bis Ende 2018 die seitens der Gruppe „Verhaltenskodex (Unternehmensführung)" identifizierten Probleme (Vorhandensein schädlicher Steuervergünstigungsregelungen) zu lösen.

Im März 2019 hat die Gruppe „Verhaltenskodex (Unternehmensführung)" Belize auf die „Liste der nicht kooperativen Länder und Gebiete für Steuerzwecke" gesetzt (sog. Schwarze Liste). Grund hierfür war die Nichterfüllung der gegenüber der EU eingegangenen Verpflichtungen innerhalb der vereinbarten Frist. Grundsätzlich ging es um die Änderung oder Abschaffung schädlicher

Steuervergünstigungsregelungen, die seitens des Landes jedoch nicht vorgenommen wurde. Insbesondere bestanden Bedenken bezüglich der bevorzugten Steuerbehandlung unter der IBC-Regelung (internationale Wirtschaftsunternehmen profitieren hiervon) von Belize sowie bezüglich der unzureichenden Anforderungen an die wirtschaftliche Substanz von Unternehmen, die eine Steuerbefreiung ausländischer Einkünfte beantragen.

Im November 2019 wurde Belize von der Liste der nicht kooperativen Steuerhoheiten gestrichen und auf die graue Liste gesetzt, da sich das Land verpflichtete, die notwendigen Reformen durchzuführen und den internationalen Standards entsprechende Regelungen bis Ende 2019 umzusetzen.

Belize nahm daraufhin Änderungen am Belize International Business Company Act und an der Steuergesetzgebung vor, um sein Steuersystem für internationale Unternehmen zu verbessern. Insbesondere wurde der Economic Substance Act verabschiedet, um die Substanzanforderungen für Unternehmen, die in Belize Geschäftsaktivitäten aufweisen, zu verbessern. In der Folge wurde Belize im Februar 2020 vollständig von der grauen Liste gestrichen.

4.1.2 Steuersystem

Belize ist wegen des dortigen Territorialsteuersystems ein lukratives und daher beliebtes Ziel von multinationalen Unternehmen, da grundsätzlich in dem Land nur das Inlandseinkommen besteuert wird. Mithin müssen Unternehmen vor Ort keine Steuern für ausländische Betriebsstätten entrichten, sodass sich das System insbesondere für ortsunabhängige Unternehmen eignet. Mithin kann das Unternehmen unter gewissen Bedingungen Gewinne steuerfrei verschieben.

Belize besteuert Unternehmensgewinne momentan mit einem Körperschaftssteuersatz von 25 %. Daneben wird eine Gewerbesteuer erhoben. Nachdem die abgeschaffte Besteuerung von Unternehmensgewinnen im Jahr 1999 wieder eingeführt wurde, besteht seitdem ein Nebeneinander von Körperschafts- und Gewerbesteuer. Die gezahlte Gewerbesteuer gilt nun als Gutschrift auf die zu zahlende Körperschaftsteuer, sodass ein zu viel gezahlter Betrag unter gewissen Voraussetzungen als Aufwand in das nächste Steuerjahr vorgetragen werden kann.

4.1.3 Umsetzung der OECD-Vorgaben

Die Implementierung der Economic Substance Regulations in Belize erfolgte durch den Economic Substance Act (ESA) im Jahr 2019. Dieser ursprünglich zum 1. Januar 2019 vorgesehene Act ist zum 11. Oktober 2019 in Kraft getreten. Er enthält 31 Paragraphen; den Hauptteil dieses Acts bilden Regelungen zur Substanz (Substance requirements) sowie Regelungen zur Mitteilungspflicht (Reporting requirements) und Sanktionen. Neben dem Gesetz hat die Regierung von Belize mehrere Leitlinien und Klarstellungen veröffentlicht, um die jeweiligen Anforderungen des Economic Substance Act weiter zu konkretisieren.

4.1.4 Voraussetzungen (Economic Substance Act 2019)

Die in Art. 5 ESA definierten „Relevanten Aktivitäten" entsprechen den Vorgaben der OECD. Ferner wurden die Kriterien nahtlos umgesetzt, sodass das Unternehmen für die Einkünfte erzielenden Kernaktivitäten, angemessene Betriebsausgaben haben, über eine angemessene Anzahl an qualifizierten Vollzeitbeschäftigten verfügen und eine physische Präsenz in Belize unterhalten.

Gemäß Art. 10 ESA muss ein betroffenes Unternehmen die Frist für die Mitteilung einhalten. Diese beträgt neun Monate nach Ende des Geschäftsjahres, Art. 10(2) ESA. Hierfür stehen den entsprechenden Gesellschaften (lizenzierte Gesellschaften, Holdinggesellschaften, nicht vom Anwendungsbereich erfasste Gesellschaften) diverse Formulare zur Verfügung. Hinsichtlich der Reporting Fristen hat die Regierung eine Klarstellung veröffentlicht. Danach müssen lizenzierte Unternehmen und Internationale Wirtschaftsunternehmen neun Monate nach Ende des Geschäftsjahres die Unterlagen einreichen. Sofern das Unternehmen vor dem 1. Januar 2020 gegründet wurde, beginnt der Berichtszeitraum am 30. April 2020. Das Unternehmen kann hiervon abweichen und der zuständigen Behörde ein früheres Datum (jedoch nicht vor Inkrafttreten der Economic Substance Regulations – 11. Oktober 2019) für den Berichtszeitraum nennen. Für Unternehmen, die nach dem 1. Januar 2020 gegründet wurden, beginnt das Geschäftsjahr und damit der Berichtszeitraum mit dem Tag der Gründung.

Sollten bei einer Prüfung Mängel festgestellt werden, muss die zuständige Behörde innerhalb von dreißig Tagen dem Unternehmen mitteilen, dass Abhilfemaßnahmen erforderlich sind, die innerhalb von höchstens dreißig Tagen geleistet werden müssen. Kommt das Unternehmen der Aufforderung nicht nach, kann die Behörde eine Geldstrafe, den Entzug der Lizenz oder die Streichung aus dem Unternehmensregister anordnen.

4.2   Bermuda

4.2.1   Allgemeines

Bermuda wurde im Dezember 2017 nach Abschluss des Evaluierungsverfahrens auf die Graue Liste der EU gesetzt. Das Land hat sich dahingehend verpflichtet, bis Ende 2018 auf die Bedenken der EU bezüglich der wirtschaftlichen Substanz einzugehen.

Im März 2019 wurde Bermuda von der Gruppe „Verhaltenskodex (Unternehmensführung)" auf die Schwarze Liste der EU gesetzt. Grund hierfür war, dass das britische Überseegebiet Offshore-Strukturen begünstigte und in Gesetzen etliche Regelungen enthielt, die Gewinne ohne reale wirtschaftliche Substanz anziehen sollten. Diese Regelungen sollten bereits bis Ende 2018 geändert werden, jedoch hat das Land diese Frist verstreichen lassen. In der Folge verpflichtete sich Bermuda, bis Ende 2019 die Bedenken hinsichtlich der wirtschaftlichen Substanz im Bereich der kollektiven Vermögensanlagen auszuräumen. Diese eingegangene Verpflichtung wurde seitens der Gruppe „Verhaltenskodex (Unternehmensführung)" überwacht.

Kurze Zeit später (Mai 2019) wurde die Liste überarbeitet. Vorausgegangen war eine eingehende Überprüfung der Umsetzung der Verpflichtungen, die die an dem Prozess beteiligten Drittstaaten eingegangen sind. Hierbei wurde festgestellt, dass Bermuda die Verpflichtungen nunmehr umgesetzt hat. Mithin wurde das britische Überseegebiet von der „EU-Liste nicht kooperativer Länder und Gebiete für Steuerzwecke" gestrichen. Dennoch befand sich Bermuda auf der Grauen Liste der EU, da im Bereich der kollektiven Geldanlagen seitens der EU hinsichtlich der wirtschaftlichen Substanz noch Bedenken bestanden, die seitens Bermuda noch beseitigt werden mussten. Zum Ende des Jahres 2019 wurden die Vorgaben in diesem Zusammenhang umgesetzt, sodass sich Bermuda nicht mehr auf der Grauen Liste der EU befindet.

4.2.2   Steuersystem

Bermuda zählt zu den wenigen Jurisdiktionen, die weder eine Körperschaft- noch eine Gewerbesteuer erheben. Insofern werden weder Einkommen noch Gewinne, Dividenden oder Kapitalzuwächse besteuert.

Ferner zeichnet sich das britische Überseegebiet dadurch aus, dass die Regierung von Bermuda eine Art steuerliche Zusicherungen für Unternehmen gewährt. Auf Antrag beim Minister der Währungsbehörde Bermudas können sog. Tax Assurance Certificates ausgestellt werden. Diese Zertifikate garantieren, dass eine zukünftige Steuereinführung seitens des Parlaments oder des Gesetzes keine Anwendung für die momentan in Bermuda niedergelassenen Unternehmen und deren Geschäftstätigkeiten findet. Die gewährten Steuerzusicherungen erstrecken sich bis zum 31. März 2035.

4.2.3 Umsetzung der OECD-Vorgaben

Die Regierung von Bermuda hat mit Wirkung zum 1. Januar 2019 substanzielle Änderungen der bisherigen Gesetze bezüglich der wirtschaftlichen Substanz erlassen. Insgesamt gibt es für die neu eingeführten Economic Substance Regulations mehrere Regelwerke. So bilden der Economic Substance Act 2018 (ESA), die Economic Substance Regulations 2018 und die Leitlinien (Economic Substance Requirements for Bermuda – Guidance Notes: General Principles) gemeinsam die Economic Substance Regulations von Bermuda. Während der Act hauptsächlich Informationen über die Anforderungen des Substanznachweises enthält und die Sanktionen auflistet, befassen sich die Regulations in erster Linie mit den relevanten Aktivitäten. Die Leitlinien spezifizieren die beiden Gesetze und enthalten einige Klarstellungen.

4.2.4 Anforderungen (Economic Substance Act und Regulations 2018)

Das Economic Substance Regelwerk gilt für Unternehmen, die am oder nach dem 1. Januar 2019 in Bermuda gegründet oder registriert wurden. Sollten Unternehmen bereits vor dem 1. Januar 2019 gegründet oder registriert worden sein, gelten für diese die Economic Substance Regelwerke ab dem 1. Juli 2019. Die Economic Substance Regulations 2018 führen die „Relevanten Aktivitäten" auf, die seitens der OECD vorgegeben wurden.

Lokale Unternehmen und Holdinggesellschaften (reine Kapitalbeteiligungsgesellschaften) müssen lediglich die Mindestanforderungen an die wirtschaftliche Substanz erfüllen. Hierzu gehören die Einhaltung der Corporate-Governance-Anforderungen (Companies Act 1981) sowie die Einreichung einer Erklärung zur wirtschaftlichen Substanz.

Für die anderen registrierten Unternehmen wird verlangt, dass diese in Bezug auf die „Relevante Tätigkeit" eine substanzielle wirtschaftliche Präsenz in Bermuda aufrechterhalten und in dieser Hinsicht sämtliche Anforderungen an die wirtschaftliche Substanz erfüllen. Um den Anforderungen an die wirtschaftliche Substanz zu entsprechen, muss das Unternehmen eine Erklärung abgegeben, die u. a. enthält, ob die Gesellschaft eine „Relevante Tätigkeit" ausübt, ob sie eine Präsenz in Bermuda aufweist, die mit Vollzeitarbeitskräften besetzt ist und ob die Gesellschaft in Bermuda geführt und geleitet wird. Diese Erklärung bezieht sich auf ein Geschäftsjahr und ist innerhalb von sechs Monaten nach Ende des Geschäftsjahres bei der zuständigen Behörde (Registrar of Companies) einzureichen.

Die Regelwerke sehen zivilrechtliche Strafen bis zu 250.000 US$ vor, sofern die Anforderungen an die wirtschaftliche Substanz nicht eingehalten werden. Wiederholt sich die Nichteinhaltung der Economic Substance Regulations kann ein Entzug der Lizenz beantragt werden. Bei Verstößen gegen die Erklärungspflicht (keine oder zu späte Einreichung der Erklärung bzw. falsche Angaben in der Erklärung) kann das Unternehmen mit einer Geldstrafe bis zu 10.000 US$ oder einer Freiheitsstrafe bis zu zwei Jahren belangt werden. Außerdem ist ein Nebeneinander der Strafen möglich (Art. 14 Economic Substance Act 2018). Sollte der Verstoß nachweislich mit Zustimmung oder Duldung eines leitenden Angestellten der Gesellschaft begangen worden sein, können sich auch Strafen explizit gegen diesen richten.

In Anbetracht des Informationsaustausches und der Transparenz besteht für Bermuda die Verpflichtung, bei Fehlen einer wirtschaftlichen Substanz, dahin gehende Informationen an die zuständige Behörde des EU-Mitgliedsstaats liefern, in dem die Muttergesellschaft ihren Sitz hat.

4.3 Britische Jungferninseln (British Virgin Islands)

4.3.1 Allgemeines

Die Britischen Jungferninseln gehörten zu den Ländern die im September 2017 von verheerenden Hurrikanen heimgesucht worden. Daher wurde das Evaluierungsverfahren für den karibischen Raum vorübergehend ausgesetzt, sodass seitens der Gruppe „Verhaltenskodex (Unternehmensführung)" noch keine Entscheidung über die Konformität mit BEPS-Standards ergangen ist.

Nachdem die Überprüfung im Januar 2018 wiederaufgenommen wurde, hat die EU nach der Auswertung die Britischen Jungferninseln schriftlich dazu aufgefordert, eine Zusage für Veränderungen zu machen, um die Bedenken der EU bezüglich der wirtschaftlichen Substanz bis Ende 2018 auszuräumen.

Die Britischen Jungferninseln sind die Verpflichtungen eingegangen, um die von der EU ermittelten Mängel zu beseitigen. Die Einhaltung der Verpflichtungen wird seitens der Gruppe „Verhaltenskodex (Unternehmensführung)" sorgfältig überwacht, sodass die Britischen Jungferninseln im März 2018 auf die graue Liste der EU gesetzt wurden. Bezüglich der Anforderungen an die wirtschaftliche Substanz war das britische Überseegebiet zwar in einem positiven Dialog mit der Gruppe „Verhaltenskodex (Unternehmensführung)", allerdings wurde weitere technische Orientierung benötigt. Daher wurde die Frist zur Anpassung der Rechtsvorschriften bis Ende 2019 verlängert. Da die Umsetzung der BEPS-Standards innerhalb dieser Frist erfolgte, wurden die Britischen Jungferninseln zum Ende des Jahres 2019 von der Grauen Liste der EU gestrichen.

4.3.2 Steuersystem

Die Britischen Jungferninseln erheben keine Körperschaftsteuer auf gebietsansässige Körperschaften. Sofern diese gemäß dem BVI Companies Act von 2004 gegründet wurden, ist für diese Gesellschaften eine Befreiung von sämtlichen Steuern, die es gemäß der Steuerverordnung auf den Britischen Jungferninseln gibt, vorgesehen. Zusätzlich sind alle internationalen Handelsgesellschaften, die im Handelsregister der Britischen Jungferninseln eingetragen sind, von Gesetzes wegen von den Steuern befreit. Diese Gesellschaften müssen jedoch für die Steuerbefreiungen eine jährliche Lizenzgebühr entrichten.

4.3.3 Umsetzung der OECD-Vorgaben

Die Umsetzung der Economic Substance Regulations erfolgte durch den Economic Substance (Companies and Limited Partnerships) Act 2018 sowie durch Änderungen des „Beneficial Ownership Secure Search System" Act 2017. Ursprünglich sind die Economic Substance Regulations zum 1. Januar 2019 in Kraft getreten, haben in der Zwischenzeit (Februar 2020) jedoch bereits Änderungen erfahren.

4.3.4 Anforderungen (Economic Substance (Companies and Limited Partnerships) Act 2018)

Die Economic Substance Regulations gelten für alle juristischen Personen (Registrierung auf den Britischen Jungferninseln notwendig), die auf den Britischen Jungferninseln „Relevante Tätigkeiten" ausüben. Eine Ausnahme besteht für gebietsfremde (außerhalb der Britischen Jungferninseln ansässige) Gesellschaften, und (gebietsfremde) Kommanditgesellschaften, die keine Rechtspersönlichkeit besitzen. Die „Relevanten Tätigkeiten" entsprechen dabei den OECD-Mindestanforderungen. Sollte das Unternehmen, welches „Relevante Tätigkeiten" ausübt, steuerlich in einer anderen Jurisdiktion ansässig sein, bedarf es keines Nachweises einer wirtschaftlichen Substanz (eine Ausnahme hiervon gilt für Holdinggesellschaften).

Für den Nachweis wirtschaftlicher Substanz ist ein Economic Substance Test erforderlich. Dieser besteht aus den bereits bekannten Faktoren, wie bspw. die Anzahl von Vollzeitarbeitskräften und das Erfordernis der Leitung und Verwaltung der Gesellschaft auf den Britischen Jungferninseln.

Sämtliche Unternehmen müssen Informationen zur Verfügung stellen, damit die Steuerbehörde der Britischen Jungferninseln überwachen kann, ob die Unternehmen eine „Relevante Tätigkeit" ausüben und sodann die Anforderungen an die wirtschaftliche Substanz erfüllen. Im Gegensatz zu anderen Jurisdiktionen ist hierfür keine Erklärung an die Behörde zu richten. Vielmehr werden die Informationen in das bestehende „Beneficial Ownership Secure Search" (BOSS) System der Britischen Jungferninseln integriert. Registrierte Unternehmen sind verpflichtet, die Informationen über die wirtschaftliche Substanz auf dem neuesten Stand zu halten und es den zuständigen Behörden zu ermöglichen, die Datenbank zu durchsuchen. Die Economic Substance Regulations verlangen eine (elektronische) Übermittlung der Daten nach Abschluss des Geschäftsjahres.

4.4   Guernsey

4.4.1   Allgemeines

Nach Auswertung des Evaluierungsverfahrens seitens der Gruppe „Verhaltens-kodex (Unternehmensführung)" wurde die britische Kanalinsel Guernsey im Dezember 2017 auf die Graue Liste der EU gesetzt, da Bedenken über die

Anforderungen an die wirtschaftliche Substanz bestanden. Guernsey hat sich verpflichtet, entsprechende Änderungen bei den Rechtsvorschriften bezüglich der
wirtschaftlichen Substanz bis Ende 2018 vorzunehmen. Da die Umsetzung innerhalb dieser Frist erfolgte, wurde Guernsey von der Grauen Liste gestrichen.

4.4.2 Steuersystem

Die zweitgrößte der britischen Kanalinseln ist als Eldorado für Finanzdienst-
leister bekannt. So sind zahlreiche Banken, Versicherungsgesellschaften und
Fondsgesellschaften auf Guernsey (steuerlich) niedergelassen. Auf Guernsey gilt
das Welteinkommensprinzip.

Guernsey erhebt eine Körperschaftsteuer zu einem Standardsatz von 0 %.
Allerdings ist es möglich, dass bestimmte Tätigkeiten mit einem Satz von 10 %
bzw. 20 % der Körperschaftsteuer unterliegen. Zu diesen Geschäften zählen u. a.
Bank- und Versicherungsgeschäfte (10 %) sowie Einkünfte aus der Nutzung von
auf Guernsey gelegenem Eigentum oder von staatlich regulierten Versorgungsunternehmen (20 %). Ebenfalls werden Einzelhandelsgeschäfte, bei denen der
Gewinn 500.000 GBP übersteigt und Einkünfte aus der Einfuhr und Lieferung
von Kohlenwasserstoff (Öl und Gas) mit 20 % besteuert.

4.4.3 Umsetzung der OECD-Vorgaben

Die Umsetzung der Economic Substance Regulations auf Guernsey erfolgte
durch den Income Tax (Substance Requirements) (Guernsey) (Amendment)
Ordinance 2018 und die dazugehörigen Regulations 2018. Diese beiden Regelwerke sind zum 1. Januar 2019 in Kraft getreten. Daneben hat die Regierung von
Guernsey Leitlinien im November 2019 veröffentlicht, die einige Klarstellungen
hinsichtlich der Regulations enthalten.

4.4.4 Anforderungen ((Income Tax) (Substance
Requirements) (Implementation) Regulations 2018)

Sämtliche auf Guernsey ansässigen Unternehmen müssen erklären, ob sie eine
„Relevante Tätigkeit" ausüben. Die „Relevanten Tätigkeiten" wurde von den

Kategorien der geografisch mobiler Tätigkeiten abgeleitet, die vom FHTP im Rahmen schädlicher Steuerpraktiken ermittelt wurden.

Der Economic Substance Test ist auf Guernsey in drei Teile gegliedert:

Zunächst muss das Unternehmen auf Guernsey geleitet und verwaltet werden. Dieser Teil ähnelt dem bekannten „central managment and control"-Test, allerdings ist seine Anwendung bindend.

In einem zweiten Schritt müssen die betroffenen Unternehmen, Core Income Generating Activities (CIGA) durchführen. Hierbei wird seitens der Regulations eine Liste ausgestellt, die die jeweiligen CIGA explizit definiert. Werden CIGA seitens des Unternehmens ausgeführt, besteht die Verpflichtung, die Durchführung der Tätigkeit zu überwachen und zu kontrollieren.

Schließlich müssen die Unternehmen die Anforderungen bezüglich des Niveaus der „Relevanten Tätigkeit", die auf Guernsey durchgeführt wird, erfüllen und nachweisen (Ausübung der Tätigkeiten auf Guernsey, angemessene Zahl an qualifizierten Mitarbeitern, physische Präsenz, jährliche Ausgaben).

Eine Frist für die Einreichung der Unterlagen wird seitens der Economic Substance Regulations nicht genannt. Es handelt sich hierbei um eine Selbstbewertung der Unternehmen. Zur Erfüllung der Anforderungen müssen die Unternehmen ihre Bewertung in die Steuererklärungen aufnehmen.

Die Economic Substance Regulations sehen bei Nichterfüllung der Anforderungen robuste Sanktionen vor. Diese reichen von Geldstrafen über eine weitere Überprüfung (im Falle fortgesetzter Nichteinhaltung) bis hin zur Streichung des Unternehmens aus dem Register. So kann das Nichtbestehen des Economic Substance Test mit einer Geldstrafe bis zu 100.000 Pfund geahndet werden, je nachdem, ob es sich um ein wiederholtes Nichtbestehen handelt und in welchem Geschäftsjahr der Test nicht bestanden wurde.

4.5   Isle of Man

4.5.1   Allgemeines

Die Isle of Man wurde im Dezember 2017 auf die Graue Liste der EU gesetzt, da auch sie Verpflichtungen eingegangen ist, bis Ende des Jahres 2018 die Bedenken bezüglich der wirtschaftlichen Substanz auszuräumen. Da die Insel den Verpflichtungen nachgekommen ist, wurde sie im Dezember 2018 von der Grauen Liste gestrichen.

4.5.2 Steuersystem

Unternehmen, die auf der Isle of Man ansässig sind, werden bezüglich ihres gesamten weltweiten Einkommens besteuert (Welteinkommensprinzip). Sofern das Unternehmen auf der Isle of Man nicht ansässig ist, es jedoch eine Betriebsstätte dort hat und außerhalb der Isle of Man gegründet wurde, wird nur der auf die Betriebsstätte fallende Gewinn besteuert.

Auf der Insel, die sich in Britischem Kronbesitz befindet, gibt es drei verschiedene Körperschaftssteuersätze. Grundsätzlich gilt für die meisten Einkünfte ein Körperschaftssteuersatz von 0 %. Für Bankgeschäfte, die mithilfe einer Lizenz, die auf der Isle of Man ausgestellt wurden, betrieben werden, wie auch für gewisse Einzelhandelstätigkeiten auf der Isle of Man gilt ein Steuersatz von 10 %. Einkünfte aus Immobilien werden mit 20 % besteuert. Für die Unternehmen, die keine Körperschaftsteuer entrichten müssen, besteht dabei ein Wahlrecht, sodass diese sich auch entscheiden können, Steuern zu einem Satz von 10 % zu zahlen.

4.5.3 Umsetzung der OECD-Vorgaben / Voraussetzungen

Die Insel hat mit der Income Tax (Substance Requirements) Order 2018 die Economic Substance Regulations umgesetzt. Diese sind zum 1. Januar 2019 in Kraft getreten. Da Guernsey, die Isle of Man und Jersey ein einheitliches Konzept hinsichtlich der Economic Substance Regulations geschaffen und diesbezüglich einen gemeinsamen Leitfaden (Guidance on aspects in relation to the Economic Substance Requirements as issued by Guernsey, Isle of Man and Jersey – Version 2 – Issued 22.11.2019) veröffentlich haben, kann hinsichtlich der konkreten Voraussetzungen auf die Ausführungen für Guernsey verwiesen werden.

4.6   Jersey

4.6.1   Allgemeines

Die größte der britischen Kanalinseln verpflichtete sich, Regelungen an die wirtschaftliche Substanz bis Ende 2018 einzuführen oder entsprechend anzupassen. Diese Maßnahmen wurden seitens der Gruppe „Verhaltenskodex (Unternehmensführung)" überwacht, sodass Jersey auf der Grauen Liste der EU gelandet ist. Jersey hat die Maßnahmen entsprechend der Absprache mit der EU bis Ende 2018 umgesetzt, sodass die Insel in der Folge von der Grauen Liste genommen wurde.

4.6.2 Steuersystem

Auf Jersey gilt das Welteinkommensprinzip. So werden gebietsansässige Unternehmen bezüglich ihres weltweiten Einkommen besteuert. Bei Betriebsstätten wird lediglich der auf die Betriebsstätte anfallende Gewinn zur Besteuerung herangezogen.

Unternehmen unterliegen in der Regel einem Körperschaftssteuersatz von 0 %. Für Finanzdienstleistungsunternehmen (Investment-, Treuhand- oder Fondsdienstleistungsgeschäfte) gilt unter bestimmten Voraussetzungen (Registrierung, Genehmigung, Bereitstellung von Ratenkrediten) der Steuersatz von 10 %. Der Steuersatz von 20 % gilt für in Jersey ansässige Versorgungsunternehmen, wie bspw. Telefon-, Gas- und Elektrizitätsgesellschaften. Ferner unterliegen auch Einkünfte aus Jersey-Immobilien wie auch die Einfuhr und Lieferung von Öl dieser Besteuerung.

Mit Wirkung zum 1. Januar 2018 unterliegen auch große Einzelhandelsunternehmen (60 % des Handelsumsatzes stammt aus Verkäufen an Kunden in Jersey und der Einzelhandelsverkauf an Kunden auf Jersey muss mindestens 2 Mio. Pfund pro Jahr betragen) einem Körperschaftssteuersatz von 20 %. Dies gilt jedoch nur, sofern der Gewinn des großen Einzelhandelsunternehmens 750.000 Pfund oder mehr pro Jahr übersteigt. Bleibt der Gewinn unter 500.000 Pfund bleibt es bei der Besteuerung mit 0 %.

Es ist möglich, für bestimmte Zweige (bspw. kollektive Investmentfonds, Verbriefung von Krediten) eine Befreiung von der Körperschaftsteuer zu beantragen. Hierfür ist eine jährliche Gebühr in Höhe von 500 Pfund fällig. Eine Befreiung ist jedoch nur möglich, sofern es sich nicht um Einkünfte aus Grundstücken oder Immobilien in Jersey handelt.

4.6.3 Umsetzung der OECD-Vorgaben / Voraussetzungen

Die Umsetzung erfolgte durch das Taxation (Companies – Economic Substance) (Jersey) Law 2019. Dieses ist zum 1. Januar 2019 in Kraft getreten. Da Guernsey, die Isle of Man und Jersey ein einheitliches Konzept hinsichtlich der Economic

Substance Regulations geschaffen und diesbezüglich einen gemeinsamen Leitfaden (Guidance on aspects in relation to the Economic Substance Requirements as issued by Guernsey, Isle of Man and Jersey – Version 2 – Issued 22.11.2019) veröffentlicht haben, kann hinsichtlich der konkreten Voraussetzungen auf die Ausführungen für Guernsey verwiesen werden.

4.7   Kaiman-Inseln (Cayman Islands)

4.7.1   Allgemeines

Nach dem Evaluierungsverfahren wurden die Kaiman-Inseln auf die Graue Liste der EU gesetzt. Diese befanden sich mit dem EU in positivem Dialog und sind die Verpflichtung eingegangen, die Regelungen hinsichtlich der wirtschaftlichen Substanz abzuändern. Die Inseln hatten nämlich Steuerregelungen, die Offshore-Strukturen begünstigten, Gewinne anzuziehen, ohne dafür eine reale Wirtschaftstätigkeit abbilden zu müssen. Die dafür vorgesehene Frist war bis Ende des Jahres 2018. In Bezug auf die wirtschaftliche Substanz im Bereich der kollektiven Geldanlagen war jedoch weitere technische Orientierung nötig, weshalb die EU die Frist zur Anpassung der Rechtsvorschriften bis Ende 2019 verlängerte.

Da jedoch keine Umsetzung der Steuerreformen in der vereinbarten Frist erfolgte, beschloss die Gruppe „Verhaltenskodex (Unternehmensführung)" im Februar 2020 die Kaiman-Inseln auf die Schwarze Liste zu setzen.

4.7.2   Steuersystem

Das Steuersystem der Insel ist sehr liberal ausgeprägt. Es gibt weder eine Körperschafts- noch eine Gewerbesteuer. Auch unterliegen Kapitalgewinne keiner Besteuerung. Es gibt keine direkten Steuern auf den Kaiman-Inseln.

4.7.3   Umsetzung der OECD-Vorgaben

Die Kaiman-Inseln haben ihre Economic Substance Regulations durch das International Tax Co-operation (Economic Substance) Law 2018 eingeführt. Dieses ist zum 1. Januar 2019 in Kraft getreten. Ferner wurden Leitlinien zur Klarstellung einiger Kriterien herausgeben (Economic Substance for Geographically Mobile

Activities – Guidance (Version 2 – issued 30.04.2019)). In der Zwischenzeit wurden etliche Ergänzungen dieses Gesetzes verabschiedet und 2020 wurde ein neues International Tax Co-operation (Economic Substance) Law implementiert.

4.7.4 Anforderungen (International Tax Co-operation (Economic Substance) Law 2018/2020)

Ein Unternehmen erfüllt das Erfordernis der wirtschaftlichen Substanz auf den Kaiman-Inseln hinsichtlich einer „Relevanten Aktivität", wenn dieses Unternehmen Einkünfte generierende Tätigkeiten (CIGA) durchführt und das Unternehmen in Bezug auf die „Relevante Tätigkeit" auf den Kaiman-Inseln geleitet und verwaltet wird. Ferner müssen die Unternehmen nachweisen, dass die auf den Kaiman-Inseln anfallenden Betriebsausgaben, die physischen Räumlichkeiten sowie die Anzahl der qualifizierten Vollbeschäftigten „angemessen" bzw. „geeignet" sind, wobei die Begriffe keiner Definition unterliegen.

Die betroffenen Unternehmen müssen innerhalb von zwölf Monaten nach Ende des Geschäftsjahres (dieses beginnt entweder am oder nach dem 1. Januar 2019) eine formelle Erklärung bei der zuständigen Behörde einreichen. Diese Erklärung muss enthalten, ob „Relevante Tätigkeiten" ausgeübt werden und ob ein Teil der Einkünfte, die im Zusammenhang mit den Kernaktivitäten erwirtschaftet werden, außerhalb der Kaiman-Inseln steuerpflichtig ist.

Die Nichteinhaltung der Economic Substance Regulations führt zu einer Geldstrafe von mindestens 12.000 US$ für das betroffene Unternehmen. Grundsätzlich gilt eine Verjährungsfrist von sechs Jahren, es sein denn, die Behörde war aufgrund von wesentlichen Falschangaben nicht in der Lage, eine Entscheidung zu treffen.

4.8 Vereinigte Arabische Emirate

4.8.1 Allgemeines

Im ersten Halbjahr 2017 wurde seitens des Prüfungsausschusses der Gruppe „Verhaltenskodex (Unternehmensführung)" ein Evaluierungsverfahren durchgeführt. Die Auswertung ergab, dass die Vereinigten Arabischen Emirate (VAE) keine ausreichenden Verpflichtungen eingegangen sind, um den Bedenken der EU Rechnung zu tragen. In der Folge landeten die Vereinigten Arabischen Emirate erstmals im Dezember 2017 auf der Schwarzen Liste der EU. Im Konkreten wies das Land keine Mindeststandards des BEPS-Aktionsplans auf bzw. hat diese angewandt. Ferner haben sich die Vereinigten Arabischen Emirate zu Zeiten der Evaluierung auch nicht verpflichtet, bis zum 31. Dezember 2018 etwaige Verpflichtungen umzusetzen.

Infolge der Zusage der VAE, die BEPS-Standards bis zum 31. Dezember 2018 einzuhalten sowie dem Beitritt zum „Inclusive Framework" der OECD, wurden die Vereinigten Arabischen Emirate im Januar 2018 auf die Graue Liste der EU heraufgestuft. Nachdem das Land jedoch nicht innerhalb der vereinbarten Frist (31. Dezember 2018) Folgemaßnahmen ergriffen hatte, wurden die Vereinigten Arabischen Emirate im März 2019 erneut auf die Schwarze Liste der EU gesetzt. Grund hierfür war, dass die Vereinigten Arabischen Emirate keine Economic Substance Regulations erlassen hatten, obwohl sich das Land dazu verpflichtet hatte, internationale Standards umzusetzen.

In Reaktion darauf haben die Vereinigten Arabischen Emirate im April und September 2019 Economic Substance Regulations erlassen. Damit erfüllen die Vereinigten Arabischen Emirate nun alle Verpflichtungen zur Zusammenarbeit in Steuerfragen, weshalb sie im Oktober 2019 von der schwarzen Liste der EU gestrichen wurden.

4.8.2   Steuersystem

Das Steuersystem des Landes ist verhältnismäßig liberal ausgeprägt. Die Vereinigten Arabischen Emirate sind eine der wenigen Jurisdiktionen, die weder Körperschafts- noch Gewerbesteuer erheben.

Neben dem lukrativen Steuersystem hat insbesondere in der Vergangenheit das umfassende Bankgeheimnis für Unternehmen als Vorteil entpuppt. So war es Finanzbehörden anderer Staaten versagt bzw. nicht möglich, Informationen, Unterlagen und Auskünfte über die geschäftlichen Tätigkeiten der betroffenen Unternehmen zu erhalten. Allerdings wurde dieser „Missstand" – letztlich auf internationalen Druck hin – behoben, da nunmehr auch für diesen Bereich BEPS-Standards gelten, sodass die Vereinigten Arabischen Emirate bereits 2017 das Common Reporting Standards–Gesetz erließen, welches einen transnationalen automatisierten Austausch von Kontoinhaberinformationen ermöglicht.

Ein weiterer Faktor neben den steuerlichen Vorteilen ist der verhältnismäßig geringe Gründungs- und Unterhaltungsaufwand für Unternehmen in den Vereinigten Arabischen Emiraten. Das Land hat diverse Freihandelszonen, die mit dem Ziel eingerichtet wurden, internationalen Investoren besonders günstige

Rahmenbedingungen zur Verfügung zu stellen. Mithin können Gesellschaften dort mit geringem Aufwand ihre Geschäfte betreiben. Im Übrigen besteht grundsätzlich kein zwingendes Erfordernis für Gesellschaften, Gewerberäume anzumieten oder sonstige lokale Investitionen zu tätigen. Insofern konnten bisher sog. Briefkastenfirmen über Nacht gegründet werden, ohne dass weitere Entstehungsvoraussetzungen hinzutraten oder Kerngeschäftsfunktionen lokal ausgeübt werden mussten.

4.8.3   Umsetzung der OECD-Vorgaben

Das Land hat am 30. April 2019 die Economic Substance Regulations verabschiedet, die am 1. Januar 2020 in Kraft getreten sind. Im Gegensatz zu den vorher genannten Jurisdiktionen wurden die Economic Substance Regulations nicht aufgrund eines Acts umgesetzt, vielmehr bilden mehrere Regelwerke zusammen die Rechtsgrundlage für die Economic Substance Regulations.

Übersicht
Die Economic Substance Regulations der Vereinigten Arabischen Emirate sind in folgenden Rechtsquellen geregelt:

- Cabinet Resolution No. 31/2019 vom 30. April 2019,
- Cabinet Resolution No. 58/2019 vom 04. September 2019,
- Ministerial Decision No. 215/2019 vom 11. September 2019 sowie
- Cabinet Resolution No. 7/2020 vom 19. Januar 2020

Zudem hat das Finanzministerium einen Fragen-und-Antworten-Katalog veröffentlicht. Zur Klarstellung und weiteren Definition des Anwendungsbereichs wurden im April 2020 diesbezüglich Leitlinien (Relevant Activities Guide) seitens des Finanzministeriums herausgegeben.

4.8.4   Voraussetzungen (Economic Substance Regulations 2019)

Die Economic Substance Regulations beziehen sich grundsätzlich sowohl auf Gesellschaften im Mainland als auch in den zahlreichen Freihandelszonen der VAE. Die „Relevanten Aktivitäten" entsprechen dabei den Vorgaben durch die OECD.

Zunächst besteht die Pflicht zur Mitteilung über die Ausübung einer „Relevanten Tätigkeit" (ESR Notification) bei der zuständigen Behörde. Neben der Überprüfung der Angabe in der Geschäftslizenz wird dabei auch berücksichtigt, was tatsächlich für eine Tätigkeit ausgeübt wird (Substance-over-Form-Ansatz). Bezugspunkt ist dabei stets das Geschäftsjahr des Lizenzinhabers.

Wird einer „Relevanten Tätigkeit" nachgegangen, muss in einem zweiten Schritt ein Economic Substance Test absolviert werden. Dieser stellt den Hauptbestandteil des Economic Substance Report dar, welcher jährlich auf Neue nachweist, dass das Unternehmen einen hinreichenden Grad an wirtschaftlicher Substanz in den VAE verfügt. Der Test enthält die bekannten Kriterien.

Der Report ist grundsätzlich innerhalb von zwölf Monaten nach Ablauf des Geschäftsjahres bei der zuständigen Behörde einzureichen.

Die Nichteinhaltung der Mitteilungspflicht über die Ausübung „Relevanter Aktivitäten" ist mit einer Geldstrafe von 10.000 AED (ca. 2500 EUR) bis 50.000 AED (ca. 12.500 EUR) belegt. Dieselbe Geldstrafe steht bei erstmaligem Nichtbestehen des Economic Substance Tests im Raum. Bei erneutem Nichtbestehen im folgenden Geschäftsjahr droht eine Geldstrafe bis zu 300.000 AED (ca. 75.000 EUR) sowie der Entzug der Lizenz und unter gewissen Voraussetzungen die Information an ausländische Behörden, dass die Gesellschaft keine ausreichende wirtschaftliche Substanz in den VAE aufweist.

Fazit und Ausblick

5

Die eingeführten und in Kraft getretenen Economic Substance Regulations verpflichten Unternehmen in den betroffenen Jurisdiktionen zum Nachweis eines hinreichenden Grades an wirtschaftlicher Substanz.

Die Einführung dieses Korrektivs ist eine Maßnahme gegen die Gewinnverlagerung und -verkürzung multinationaler Unternehmen. Sie geht auf den BEPS-Aktionsplan (Aktionspunkt 5) der OECD zurück. Diese hatte das Kriterium der wirtschaftlichen Substanz bereits im Report von 1998 entwickelt, jedoch in der Folgezeit nicht in die Praxis umgesetzt. Dies änderte sich mit dem BEPS-Aktionsplan von 2015, der dem Kriterium wieder Bedeutung zukommen ließ. In der Folgezeit ergingen einige Berichte der OECD, die das Kriterium der wirtschaftlichen Substanz mit Leben füllten.

Die Economic Substance Regulations sind regelmäßig an die Ausübung „Relevanter Aktivitäten" gekoppelt. Nur wenn die Tätigkeit des Unternehmens in den – von der OECD bestimmten und von den Jurisdiktionen umgesetzten – Katalog „Relevanter Aktivitäten" fällt, gelten für diese Unternehmen gewisse Anforderungen.

So muss das Unternehmen im Bereich der „Relevanten Aktivitäten" entsprechende Kerntätigkeiten ausführen, durch die Einkünfte generiert werden (CIGA). Außerdem müssen diese Kernaktivitäten in der betroffenen Jurisdiktion durchgeführt werden. Eine Auslagerung ist nur unter bestimmten Voraussetzungen möglich. Ferner muss das Unternehmen eine angemessene Zahl an Vollzeitbeschäftigten mit entsprechender Qualifikation aufweisen und über eine physische Präsenz in der Jurisdiktion verfügen. Schließlich muss das Unternehmen auch angemessene Betriebsausgaben aufweisen.

© Der/die Herausgeber bzw. der/die Autor(en), exklusiv lizenziert durch Springer Fachmedien Wiesbaden GmbH, ein Teil von Springer Nature 2020
C. Frank-Fahle und M. Zimmermann, *Economic Substance Regulations,* essentials, https://doi.org/10.1007/978-3-658-31098-1_5

Vorgaben hinsichtlich des Verfahrens zur Beurteilung einer wirtschaftlichen Substanz, hinsichtlich entsprechender Anforderungen an das Reporting bzw. an Fristen oder Sanktionen werden seitens der OECD nicht gemacht.

Nach den Economic Substance Regulations der einzelnen Jurisdiktionen muss in der Regel eine Notification über die Ausübung einer „Relevanten Aktivität" bei der zuständigen Behörde innerhalb einer gewissen Frist eingereicht werden. Außerdem muss der Substanznachweis im Rahmen eines Economic Substance Tests & Reports geführt werden, indem die verschiedenen Kriterien zur Bestimmung der wirtschaftlichen Substanz überprüft werden. Bezugspunkt ist dabei stets das Geschäftsjahr des Unternehmens. Wenngleich noch einige Unsicherheiten in den Jurisdiktionen hinsichtlich des Nachweises der Substanz im Einzelnen bestehen, wird die Anwendungspraxis zur einer Konkretisierung und Lösung beitragen.

Insgesamt erfolgte die Umsetzung der Economic Substance Regulations verhältnismäßig schnell. Grund hierfür ist mitunter die Schwarze Liste der EU, mit der Reputationseinbußen für Länder, die auf dieser stehen, einhergehen. Insofern ist das Zusammenspiel zwischen EU (Schwarze Liste) und OECD (Vorgabe von internationalen Standards) im Rahmen der Bekämpfung schädlicher Steuerpraktiken vorbildlich, da es infolge der Economic Substance Regulations nahezu keine Steueroasen mehr gibt.

Dieses Zusammenspiel soll nun auch auf andere Bereiche übertragen werden, wie bspw. im Bereich der weltweiten Geldwäsche-Bekämpfung. Hier wird die Schwarze Liste regelmäßig weiter vorangetrieben.

Was Sie aus diesem *essential* mitnehmen können

- Economic Substance Regulations sind ein neues Instrument der OECD zur Bekämpfung von Steuerumgehungsstrategien zur Gewinnverlagerung und -verkürzung
- Es handelt sich bei den Economic Substance Regulations um die Implementierung eines internationalen Standards, dessen Nichtbefolgung Konsequenzen für die jeweilige Jurisdiktion haben kann (Schwarze Liste der EU)
- Hauptanknüpfungspunkt ist der Nachweis von wirtschaftlicher Substanz
- Für das Kriterium der wirtschaftlichen Substanz wurden seitens der OECD entsprechende Mindestvorgaben erstellt, die von den jeweiligen Jurisdiktionen umgesetzt werden müssen, um den internationalen Standard zu erfüllen
- Die Nichteinhaltung von Economic Substance Regulations kann zu gravierenden Sanktionen führen, die in den Gesetzen der einzelnen Jurisdiktionen festgelegt werden

© Der/die Herausgeber bzw. der/die Autor(en), exklusiv lizenziert durch Springer Fachmedien Wiesbaden GmbH, ein Teil von Springer Nature 2020
C. Frank-Fahle und M. Zimmermann, *Economic Substance Regulations,*
essentials, https://doi.org/10.1007/978-3-658-31098-1

Literatur

Allgemein:

EU-Liste nicht kooperativer Länder und Gebiete für Steuerzwecke, Amtsblatt der Europäischen Union vom 27.2.2020 (ABl EU 2020 Nr. C 64 S. 11 f.).

OECD (2019), Substantial Activities in No or Only Nominal Tax Jurisdictions: Guidance for the Spontaneous Exchange of Information, OECD, Paris, www.oecd.org/tax/beps/substantial-activities-in-no-or-only-nominal-tax-jurisdictions-guidance-for-the-spontaneous-exchange-of-information.htm. Zugegriffen: 14.06.2020.

OECD (2018), Resumption of Application of Substantial Activities for No or Nominal Tax Jurisdictions – BEPS Action 5, OECD Publishing, Paris, www.oecd.org/tax/beps/resumption-of-application-of-substantial-activities-factor.pdf. Zugegriffen: 14.06.2020.

OECD (2017), Harmful Tax Practices –2017 Progress Report on Preferential Regimes: Inclusive Framework onBEPS: Action 5, OECD/G20 Base Erosion and Profit Shifting Project, OECD Publishing, Paris, http://dx.doi.org/10.1787/9789264283954-en. Zugegriffen: 14.06.2020.

OECD (2016), Wirksamere Bekämpfung schädlicher Steuerpraktiken unter Berücksichtigung von Transparenz und Substanz, Aktionspunkt 5 – Abschlussbericht 2015, OECD/G20 Projekt Gewinnverkürzung und Gewinnverlagerung, OECD Publishing, Paris, http://dx.doi.org/10.1787/9789264258037-de. Zugegriffen: 14.06.2020.

OECD (2014a), Aktionsplan zur Bekämpfung der Gewinnverkürzung und Gewinnverlagerung, OECD Publishing, Paris, http://dx.doi.org/10.1787/9789264209688-de. Zugriffen: 14.06.2020.

OECD (2014b), Gewinnverkürzung und Gewinnverlagerung – Situationsbeschreibung und Lösungsansätze, OECD Publishing, Paris, http://dx.doi.org/10.1787/9789264209695-de. Zugegriffen: 14.06.2020.

OECD (2014c), Wirksamere Bekämpfung schädlicher Steuerpraktiken unter Berücksichtigung von Transparenz und Substanz, OECD Publishing, Paris, http://dx.doi.org/10.1787/9789264223455-de. Zugegriffen: 14.06.2020.

OECD (1998), Harmful Tax Competition: An Emerging Global Issue, OECD Publishing, Paris, http://dx.doi.org/10.1787/9789264162945-en. Zugegriffen: 14.06.2020.

Jurisdiktionen:

Belize:

Economic Substance Act (2019), www.ifsc.gov.bz/wp-content/uploads/2019/11/Economic-Substance-Act.pdf. Zugegriffen: 14.06.2020.

Bermuda:

Economic Substance Act (2018), www.bermudalaws.bm/laws/Consolidated%20Laws/Economic%20Substance%20Act%202018.pdf. Zugegriffen: 14.06.2020.
Economic Substance Regulations (2018), www.bermudalaws.bm/laws/Consolidated%20Laws/Economic%20Substance%20Regulations%202018.pdf. Zugegriffen: 14.06.2020.
Economic Substance Requirements for Bermuda – Guidance Notes – General Principles (24. Dezember 2019), www.gov.bm/sites/default/files/GUIDANCE-NOTES-FINAL–24-Dec-2019.pdf. Zugegriffen: 14.06.2020.

Britische Jungferninseln (British Virgin Islands):

Economic Substance (Companies and Limited Partnerships) Act (2018), Rules on Economic Substance in the Virgin Islands, https://bvi.gov.vg/sites/default/files/resources/ita_rules_v2.pdf. Zugegriffen: 14.06.2020.
Beneficial Ownership Secure Search System Act (2017), https://bvi.gov.vg/pub/BENEFICIAL%20OWNERSHIP%20SECURE%20SEARCH%20SYSTEM%20ACT%202017%20No%2015%20of%202017.pdf. Zugegriffen: 14.06.2020.

Guernsey:

The Income Tax (Substance Requirements) (Guernsey) (Amendment) Ordinance (2018), www.gov.gg/CHttpHandler.ashx?id=116153&p=0. Zugegriffen: 14.06.2020.
The Income Tax (Substance Requirements) (Implementation) Regulations (2018), www.gov.gg/CHttpHandler.ashx?id=116843&p=0. Zugegriffen: 14.06.2020.
Guidance on aspects in relation to the Economic Substance Requirements as Issued by Guernsey, Isle of Man and Jersey (Version 2 – Issued 22.11.2019), www.gov.gg/CHttpHandler.ashx?id=122152&p=0. Zugegriffen: 14.06.2020.

Isle of Man:

Income Tax (Substance Requirements) Order (2018), www.gov.im/media/1363889/approved-isle-of-man-legislation-income-tax-substance-requirements-order-2018.pdf. Zugegriffen: 14.06.2020.

Guidance on aspects in relation to the Economic Substance Requirements as Issued by Guernsey, Isle of Man and Jersey (Version 2 – Issued 22.11.2019), www.gov.gg/CHttpHandler.ashx?id=122152&p=0. Zugegriffen: 14.06.2020.

Jersey:

Taxation (Companies – Economic Substance) (Jersey) Law (2019), www.jerseylaw.je/laws/revised/Pages/24.970.aspx. Zugegriffen: 14.06.2020.
Guidance on aspects in relation to the Economic Substance Requirements as Issued by Guernsey, Isle of Man and Jersey (Version 2 – Issued 22.11.2019), www.gov.gg/CHttpHandler.ashx?id=122152&p=0. Zugegriffen: 14.06.2020.

Kaiman-Inseln (Cayman Islands):

The International Tax Co-Operation (Economic Substance) Law (2018), www.gov.ky/portal/pls/portal/docs/1/12738510.PDF. Zugegriffen: 14.06.2020.
Economic Substance for Geographically Mobile Activities – Guidance (Version 2 – issued 30.04.2019), www.gov.ky/portal/pls/portal/docs/1/12738510.PDF. Zugegriffen: 14.06.2020.

Vereinigte Arabische Emirate:

Cabinet of Ministers Resolution No. 31/2019 (30. April 2019) concerning Economic Substance Regulations, www.mof.gov.ae/en/lawsAndPolitics/CabinetResolutions/Documents/Cabinet%20of%20Ministers%20Resolution%20No%20%2031%20of%202019%20Concerning%20Economic%20Substance_English.pdf. Zugegriffen: 14.06.2020.
Cabinet Resolution No. (58) of 2019 (4. September 2019) determining the Regulatory Authorities concerned with the Business mentioned in Cabinet Resolution No. (31) of 2019 concerning Economic Substance Regulations, www.mof.gov.ae/en/lawsAndPolitics/CabinetResolutions/Documents/Cabinet%2BResolution%2BNumber%2B58%2Bof%2B2019.pdf. Zugegriffen: 14.06.2020.
Ministerial Decision No. 215 for the Year 2019 (11. September 2019) on the Issuance of Directives for the Implementation of the Provisions of the Cabinet Resolution No. (31) of 2019 concerning Economic Substance Requirements, www.mof.gov.ae/ar/StrategicPartnerships/Documents/Ministerial%2Bdecision%2Bno.%2B215%2Bfor%2B the%2Byear%2B2019.pdf. Zugegriffen: 14.06.2020.
Cabinet Resolution No. 7 of 2020 (19. Januar 2020) amending some Provisions of Cabinet Resolution No. 31 of 2019 concerning Economic Substance Regulations, www.mof.gov.ae/en/lawsAndPolitics/CabinetResolutions/Documents/Cabinet_Resolution_7_2020.pdf. Zugegriffen: 14.06.2020.
The UAE Economic Substance Regulations – Relevant Activities Guide (April 2020), www.mof.gov.ae/ar/StrategicPartnerships/Documents/Relevant%2BActivities%2BGuide%2B_April%2B2020.pdf. Zugegriffen: 14.06.2020.

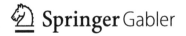